はしがき

独立行政法人労働者健康安全機構 労働安全衛生総合研究所　吉川　徹
公益財団法人大原記念労働科学研究所　小木和孝

「職場ドック」とは

　職場ドックは、ストレスが少なく、働きやすい職場づくりを目的とした、参加型の職場環境改善活動です。メンタルヘルス向上に役立つ改善策について、働く人たちによる対話機会を設けて、すぐできる改善点を提案し、職場ごとに合意した改善を実施していきます。従来から参加型の職場改善活動はさまざまに行われていますが、職場ドックは、短時間の職場検討会をもつ手順をあらかじめ決めて、複数の職場で並行して実施していく点で、ユニークな特徴がある参加型改善活動です。参加型改善活動では、その職場で働く人たちの合意によって多数の改善策が実施されていくことから、産業現場に広く普及しつつあるのですが、職場ドックはメンタルヘルスのための職場検討会をもつ手順を職場ごとに行いやすくした、新しいかたちの参加型改善活動です。今、自主的な職場環境改善をすすめる、効果的な方法として注目されています。

働きやすい職場をめざして

　働きやすい職場とは、例えば、安全で健康に、怪我なく安心して働くことができて、仕事のやりがいがあり、互いに助け合い、楽しい職場です。働きやすい職場かどうかは、働く人のメンタルヘルス（こころの健康）と大いに関連します。今、雇用の形態も、技術革新による仕事のすすめ方も多様化していて、事故による負傷、作業負担による健康障害、また慢性疲労状態になりやすい過重労働、ストレスに関係深いメンタルヘルスの不調などの予防が、職場に共通した課題となっています。働く人たちは、こうした負傷や健康障害のリスクに日常から対しており、有効な予防策や職場改善の経験をもっているので、自分たちの職場環境について一緒に検討する機会を設けることにより、働きやすい職場づくりに役立つ改善に効果的に取り組むことができます。

　そこでは、多様な職場環境要因に目配りする広い視点、職場ごとの条件に見合ってすぐ実施できる改善策に合意していく簡明な手順、複数の職場で改善を実施し報告していくようにする取り組みやすい推進方法が役立ちます。職場ドックは、メンタルヘルスのための広い視点、簡明な手順、複数職場推進方法を一体化した職場環境改善法であり、取り組みやすいこともあって、今普及しつつあるのです。

「職場ドック」の有効性

職場ドックに代表される参加型職場環境改善が実際にもつ効果については、幅広い改善策の実施状況、産業現場と公務職場を含む異業種への広がり、効果判定の研究論文によって、確かめられています（68ページ参考・引用文献参照）。職場ドックの名称は、船をドックに入れて安全な操船ができる状態にしていく活動、また、健康状態を多面的にチェックして安心して日常生活を送ることができるようにする「人間ドック」になぞらえて、働く人たちが自職場で働く条件について日常業務を離れてチェックし、可能な改善策を実施していくさまを表現しています。職場ドックの名称が広く使われるようになったのは、高知県や北海道、京都府など公務職場における取り組みでの成果が報告され関心が高まった経緯を背景にしていますが、参加型職場環境改善の製造業、中小企業、医療・介護、自治体ほか公務などへの応用例からも確かな効果が認められています。職場ドックでは、各年度内に職場検討会を並行実施して改善成果を確認するまでの手順を追いやすくしているので、参加者からフィードバックを得ながら、改善結果を共有していくことにより、有効性を確かめやすくなっているのです。

メンタルヘルスのためには、実効ある職場環境改善を進めていくことが必要だとの認識が広まっています。事業場の責務として行う「ストレスチェック制度」が導入されましたが、ストレス状況を把握して、それに基づいて職場環境の改善を行う仕組みづくりに各職場で取り組むことが大事です。職場ドック活動は、この職場環境改善をすすめる効果的な仕組みとしておおいに活用できそうです。

改正労働安全衛生法に基づく「ストレスチェック制度」と職場ドック

メンタルヘルス不調の予防のためには、実効性ある職場環境改善を進めていくことが必要だとの認識が広まっています。2014年6月に公布された労働安全衛生法の一部を改正する法律により、新たに設けられた「ストレスチェック制度」の具体的な内容や運用方法を定めた省令が公布され、告示、指針（心理的な負担の程度を把握するための検査及び面接指導の実施並びに面接指導結果に基づき事業者が講ずべき措置に関する指針）が公表されました。「ストレスチェック制度」とは、労働者に対して行う心理的な負担の程度を把握するための検査（ストレスチェック）や、検査結果に基づく医師による面接指導の実施などを事業者に義務付ける制度（従業員数50人未満の事業場は制度の施行後、当分の間努力義務）であり、2015年12月から施行され、新しいメンタルヘルス対策として注目されています。この法令改正によって、事業場の責務として行う「ストレスチェック制度」を通じて、事業主は労働者の集団のストレス状況を把握して、それに基づいて職場環境の改善を行う仕組みづくりに各職場で取り組む必要があります。職場ドック活動は、この職場環境改善をすすめる効果的な仕組みとしてその有効性が確かめられています。

職場ドックのすすめ方の特徴

　職場ドックの特徴は、その職場に合った改善提案用のチェックリストを利用しながら、小グループに分かれて討議した結果を報告し合い、それから改善計画を職場ごとに独自に決めて改善実施していく一連の手順を働く人たちの小集団討議を活用してすすめていく点にあります。この特徴あるすすめ方を支えるのが、すでにある良い実践を話し合いながら、すぐできる改善を職場の創意工夫をいれて提案し合い、少数にしぼって実施していく活動手順の分かりやすさと、その小集団討議を容易化する参加型ツールの活用です。参加型ツールとしては、職場ドックチェックリストと、討議結果を簡単にまとめて記入できるようにする個人用・グループ用ワークシートがいずれも使いやすくなっています。船のドックや人間ドックで現状を点検して直していくのと同じように、通常の仕事の進行と離れた対話時間を持つことで、働きやすさに直結して工夫を講じていくことが、「ドック」の意味合いに含まれています。つまり、問題点指摘ではなく、すぐできる問題解決をめざす、ポジティブな視点が、職場ドック方式の進展を支えているのです。

本書の目的と構成

　本書は、今各地で行われている職場ドック活動の経験を総括して、職場ドックの特徴をまとめ、具体的な職場ドック活動のすすめ方を解説したものです。職場ドック支援チームとして活動しているメンバーが中心となって編集しています。とりわけ、メンタルヘルス向上に役立つ理由と職場単位で行われる活動の手順をわかりやすく解説することに重点をおきました。

　第1章には、メンタルヘルスのための一次予防活動として有効な広義の職場環境改善策の内容と、その実際的な予防効果を解説しています。第2章は職場ドックが生まれた背景、第3章から第6章で職場ドックの大きな特徴である、職場検討会と小集団討議用の参加型ツールとその使い方について詳しく解説します。第7章はチェックリストの各項目を解説しました。第8章には職場ドックを広め、継続していくヒントをまとめています。巻末には各種ツールを掲載しています。本書が活用され職場ドック活動が広がっていくことを願っています。

メンタルヘルスに役立つ職場ドック

Workplace Dock Manual

はしがき……………………………………………………………………………………………1

 「職場ドック」とは……………………………………………………………………………1
 働きやすい職場をめざして……………………………………………………………………1
 「職場ドック」の有効性………………………………………………………………………2
 改正労働安全衛生法に基づく「ストレスチェック制度」と職場ドック……………………2
 職場ドックのすすめ方の特徴…………………………………………………………………2
 本書の目的と構成………………………………………………………………………………3

1. メンタルヘルスに役立つ職場ドック……………………………………………………………6

 （1）メンタルヘルス対策における一次予防の重要性………………………………………6
 （2）国内外の動向からみたメンタルヘルス対策の新しい展開……………………………6
 （3）メンタルヘルスと職場環境改善の関係…………………………………………………7
 （4）職場ドックがとりあげる一次予防策……………………………………………………8
 （5）成果が確かめられている職場ドック……………………………………………………9

2. 職場ドックが生まれた背景………………………………………………………………………11

3. 職場ドックのすすめ方、計画から実施、まで…………………………………………………14

 （1）計画…………………………………………………………………………………………14
 （2）事前準備……………………………………………………………………………………15
 （3）実施（職場検討会・グループワーク）…………………………………………………16
 （4）改善計画の作成から報告提出まで………………………………………………………17
 （5）継続した取り組みとするために…………………………………………………………17

4. 職場ドックがとりあげる領域……………………………………………………………………18

 （1）働きやすさに関連深い改善アクション…………………………………………………18
 （2）職場ドックの6領域………………………………………………………………………18
 （3）改善アクションのとりあげ方……………………………………………………………19
 （4）6つの改善領域の有用性…………………………………………………………………19

公益財団法人 大原記念労働科学研究所　吉川 徹　小木 和孝 編

5. 職場ドックで利用されるツールとその使い方 ……… 20
　（1）職場ドックで利用されるツール ……… 20
　（2）職場ドックチェックシート（アクションチェックリスト）の使い方 ……… 21
　（3）良好事例写真の活用方法 ……… 22
　（4）ワークシートの使い方 ……… 22
　（5）改善計画・報告用紙の使い方 ……… 24

6. 職場ドックに利用する良好実践事例 ……… 26
　良好実践事例がなぜ役立つか ……… 26

7. 職場ドックチェックシート各領域の解説 ……… 29
　A．ミーティング・情報の共有化 ……… 30
　B．ON（仕事）・OFF（生活）のバランス ……… 34
　C．仕事のしやすさ ……… 38
　D．執務室内環境の整備 ……… 42
　E．職場内の相互支援 ……… 46
　F．安心できる職場のしくみ ……… 50

8. 職場ドックをひろめるために ……… 54
　（1）多様な職場環境改善の広がりへの理解 ……… 54
　（2）職場ドック普及のための3つのチャレンジ ……… 54
　（3）科学的根拠に基づく職場環境改善のためのガイドラインの活用 ……… 55
　（4）ストレスチェック制度の活用と職場環境改善 ……… 57
　（5）職場ドックを職場全体で広げるためのしくみづくり ……… 58
　（6）職場ドックに役立つウェブサイト・文献の紹介 ……… 59

付録　職場ドックに用いるツール例 ……… 61

1. メンタルヘルスに役立つ職場ドック

（1）メンタルヘルス対策における一次予防の重要性

　職場のメンタルヘルス対策の重要性は衆目の一致するところです。職場のメンタルヘルス対策には3本柱があります。職場でメンタルヘルス不調をかかえる労働者に対し早期に適切な対応をし（二次予防）、復職支援（三次予防）する仕組みをつくり、メンタルヘルス不調者を出さない取り組み（一次予防）です。特に、一次予防においては、職業性ストレス（心理社会的リスク）を適切にマネジメントする対象として、個人や職場環境がとりあげられます。職業性ストレスとは、仕事の心理的または社会的な特徴や環境によって起きる身体的・精神的な反応のうち、虚血性心疾患やうつ病など、健康に影響を与える可能性のあるものをさします。これまで、いくつかの職業性ストレス理論が提唱されてきましたが、職業性ストレスに対する一次予防策として、①職場環境等の改善、②個人向けストレス対策、③管理監督者教育の3つが、科学的根拠により有効とされています。その中でも、個人向けアプローチの効果が一時的、限定的になりやすいのに比べ、職場環境の改善を通じたアプローチは、より持続的な効果をもたらすといわれています。一方、職場環境の改善はその手順の難易度が高い場合があると指摘されてきました。

（2）国内外の動向からみたメンタルヘルス対策の新しい展開

　職場環境等の改善による職業性ストレス対策については、ILOの報告書（1992年）が19の事業場のストレス対策を比較検討し、このうち特に職場環境の改善が有効であったと結論しています。その後、心理社会的な職場環境を改善することで職業性ストレスを軽減しようとするアプローチである「職場環境改善を通じたストレス対策」の研究報告が増え、その有効性が確かめられてきました。欧州ではこれらの科学的根拠を背景に、「心理社会リスクマネジメントのための欧州枠組み」（European Framework for Psychosocial Risk Management , 以下PRIMA-EF）プロジェクトによる職業性ストレス対策の取り組みが広がっています。PRIMA-EFは職場における職業性ストレス（心理社会リスク）のアセスメント、すなわち、対策の計画立案（P）、対策の実施（D）、対策の評価（C）と改善（A）、のPDCAサイクルによる対策として進めることを示し、利害関係者向け（政策立案者、事業者、産業保健専門職、労働者など）にメンタルヘルス活動の手順を解説しています。このガイダンスでは、①作業関連ストレス、暴力、いじめ予防の長期戦略、②エビデンスと良好実践に基づいた介入視点、③多面にわたる労使の対話と労働者参加、④企業の社会的責任に基づくポリシーと実践などに力点がおかれています。

　わが国でも第12次労働災害防止計画において、「メンタルヘルス不調者を増やさないためには、労働者自身によるセルフケアをはじめ、管理監督者や産業保健スタッフによるケアなどにより、メンタルヘルス不調者の早期発見・早期治療を進めるとともに、メンタルヘルス不調になりにくい職場環境に改善していくことが必要である」「職場環境の改善・快適化を進めることにより、メンタルヘルス不調者を予防するという観点から、職場における過度のストレスの要因となるリスクを特定、評価し、必要な措置を講じてリスクを低減するリスアセスメントのような新たな手法を検討する」と述べられています。

さらに、精神障害の労災認定件数が年々増加する中、2014年6月に公布された「労働安全衛生法の一部を改正する法律」に「ストレスチェック制度の創設」が盛り込まれました。法改正の付帯決議では、「二　ストレスチェック制度は、精神疾患の発見でなく、メンタルヘルス不調の未然防止を主たる目的とする位置付けである（略）」「三　（略）労働者個人が特定されずに職場ごとのストレスの状況を事業者が把握し、職場環境の改善を図る仕組みを検討すること（略）」が明示されました。メンタルヘルス不調の未然防止、いわゆる一次予防を主眼においた職場環境の改善に力点を置く時代となってきています。

（3）メンタルヘルスと職場環境改善の関係

　仕事に関連したメンタルヘルス不調の発生には複合要因が関連します。たとえば、長時間労働により仕事量が増えた、新しい部署へ異動になり仕事の内容が変わった、関係性の良くない上司と一緒に仕事をしなければならなくなったなど、仕事に関連するストレス要因は職場に多く存在します。しかしこれらの要因単独で、労働者がメンタルヘルス不調を来して休職に至ることはまれです。メンタルヘルス不調は単一の要因によって起こるのではなく、多くの要因が複雑に絡み合って関与しています（図1）。たとえば、仕事の役割や量、仕事のすすめ方の指示や裁量度、サポートの状況、職場の物理的環境（暑さ、寒さ、音、光など）など、身体的に負担の高い仕事かどうか、体調が心配な時に相談できる窓口があるか、メンタルヘルス不調で休職するときに安心して療養に専念できる雇用条件であるか、雇用継続が保証される職場かどうかなど、多くの要因が関連していると考えるべきです。したがって、その予防にも幅広い視点からみていく必要があります。労働者一人ひとりが、いきいきと楽しく、仕事にやりがいをもって、安全・安心で健康的に働き続けるためには、働き方、働く環境など、労働者を取り巻く職場環境全体に目配りをしながら、多層な予防策を講じていくことが重要です。

　これらの複合要因に目配りをして、その職場にとって適切な職場環境改善をすすめていくためには、その職場で働く労使が協働して、自主的に職場環境改善に取り組むことが重要になります。産業保健スタッフは、この労使による職場環境改善の取り組みを支援することが求められます。職場ドックはその職場環境改善をすすめる実効的なプログラムとして開発されました。

図1　メンタルヘルス一次予防のための職場環境改善視点

（4）職場ドックがとりあげる一次予防策

職場ドックが職場のメンタルヘルス一次予防策として確かな効果を生むためには、次の点に配慮する必要があります。

1 良好事例に注目する

参加型職場環境改善では、職場ですでに行われている良好な事例に注目します。職場の人たちが参加して職場の良いところを確認し合い、自分や同僚、同業種の良好事例に学びながら、さらに改善する点はないか洗い出し、すぐできる改善を実施する「対話型」「対策指向型」の活動が主軸となります。企業が生産活動を行う中では、その企業の設立当初から、また、各部門ができたときから、そこで働く人々の安全と健康のために、現場の労使が苦労して取り組んできた多くの工夫・事例があります。その中で、従業員の安全や健康に役立った良い事例をとりあげ収集します。収集する方法は、写真を撮ったり、手書きのイラストを描いたり、エピソードでも構いません。A部門では、朝のミーティングで各自の業務内容を確認している、B課では、物品の整理整頓がよく職場がすっきりしている、C係ではマニュアルを見直して顧客サポートを全員ができるようにしている、など、実際の職場の事例は、教科書の事例よりも身近でインパクトがあります。そして、自分たちの職場でもその改善ができるかもしれない、つまり「実現可能性」が高いものであるといえます。

2 職場ドックチェックシートを活用する

職場ドックチェックシートは、幅広い視点からの一次予防策の実施をすすめる上で、職場ドック活動で不可欠なツールです。メンタルヘルス一次予防策をすすめる上では、幅広い職場環境に目配りする必要があります。そのためには、たくさんの良好事例を見ることも大切ですが、それらが領域ごとに整理されているチェックリストを活用すると良いでしょう。職場ドックでは、「アクションチェックリスト」と呼ばれる対策指向型のツールが活用されています。アクションチェックリストは実際の職場で働きやすい職場づくりに役立った、低コストですぐできる幅広い視点からの改善提案がアクション形式で整理されています。このチェックリストを活用することで、問題指摘に終わるのではなく、問題解決をするためには具体的にどのようにすれば良いかを提案しやすくすることができます。

3 グループワーク

グループワークは職場のストレスへの共感、気づきを促す大切な一歩となります。職場ドックでは、チェックリストを使って幅広い視点から見た職場環境に関して、グループワークで意見交換をします。職場ドックのプロセスにおける参加と対話の機会は、職場内の民主的な風土や公平感を醸成します。そして、コミュニケーションを活性化し、同僚間のサポートを強化するといわれています。職場ドックに取り組んでいる事業場では、「職場ドックのプロセスそのものが相互理解

を深めることにつながった」と実感しています。職場メンバーなどで話し合うステップが、仕事を進めていく中でのちょっとした困りごとや心配事を共有する機会になったり、また、自分では気づいていない職場のストレス要因について気づくことにつながります。

4 良い点・改善点の討議

　職場ドックでは、チェックリストに基づいて、職場の良い点3つ、改善点3つを検討します。ストレスの少ない健康的な職場づくりでは、職場の弱みを克服する視点も重要ですが、そうすると問題追求型の思考になりがちです。問題の犯人探しに終始してしまうと、前向きな検討ができません。また、「ここができていない」「あれもできていない」といった問題指摘の意見交換は、時に、参加する従業員の意欲は低下してしまい、そもそも職場環境改善自体にそそぐエネルギーが無くなってしまう場合があります。

　職場ドックでは、まず職場の良い点から考えてもらうようにしています。そうすることで、職場の「強み」を皆で共有することができます。自分たちの職場の強みは何か、その強みを伸ばすために何ができるかという視点から取り組みを始める方が、職場環境改善自体への意欲も向上し、前向きな思考で取り組むことができます。このような考え方は、取り組みの効果、継続性も確実に向上させることができます。

5 フォローアップのしくみ

　職場環境改善の実施を継続するために中間報告を求めたり、期間を設定して実施状況や成果を確認することが大切です。改善に取り組んだ内容の発表や報告の機会を、年間計画の中にあらかじめ設定し、小さな取り組みでも成果としてまとめることで、取り組みの評価につながり、次の年の取り組みをより良くするために活用できます。取り組んだ職場もやりっぱなしではなく、自分たちの取り組んだ職場環境改善が写真や報告書などに残ることで、達成感を感じることができます。このような小さな達成感を積み重ねていくことで、やがては大きな自信へとつながり、「自分たちで働きやすい職場環境をつくりだすことができる」といった前向きな思考が生まれます。このような前向きな取り組み姿勢によるスモールステップでの改善の積み重ねが、互いを支え、尊重する職場の雰囲気をつくり出すことにつながり、職場の雰囲気が肯定的に変化していくと考えます。

（5）成果が確かめられている職場ドック

　メンタルヘルス一次予防のための職場環境改善は、参加型アプローチを用いることが効果的です。その意味では、職場ドックはメンタルヘルス一次予防を推進する上で有用なプログラムです。

　労働者は自身が働く職場の強みと課題、そして解決策をよく認識しています。そのため、職場環境改善が重視する適切なリスクアセスメントが可能となります。労働者が主体となって職場環境改善を行う職場ドックは合理的なアプローチであるといえるのです。そして参加型アプローチのプロセス（メカニズム）自体にもメンタルヘルスに良い影響を与える要素があるようです。職場ドックでは、自身の参画により、有意な変化を経験し、組織としての学習と水平展開が行われます。また、実際の関与とそれに引き続く成功体験が得られます。その結果、労働者のコントロール感、技能・スキル、自己効力感（セルフ・エフィカシー）、エンパワメントなどが高められます。

　また、職場ドックのプロセスによってもたらされる参加と対話の機会は、職場における民主的な

風土や公平感を醸成し、コミュニケーションを活性化します。日頃思っていてもなかなか口に出して言うことのできなかった仕事上のちょっとした困りごとや工夫点を皆で共有し、互いの思いを共感し合うことで、労働者同士の情緒的な結びつきが深まります。これらのプロセスの中で、問題意識や価値観をも共有化し、相互支援を強化していくのです。

さらには、職場環境改善という同じ目標に向かって取り組み、小さな成果を蓄積していくことで達成感を高め、それが職場集団、組織全体の一体感や結束力を強化し、働きやすい職場環境改善を後押しする職場風土づくりに役立っていることも確認されています。

職場ドックのプロセスの「共感」、「対話」、「相互理解」が、働く人個々人の、あるいは集団としての職場、そして組織全体のメンタルヘルスの向上に寄与していきます。

京都府職場ドック事業の取り組み

京都府のメンタルヘルス対策は2006年4月策定の「職員心の健康づくり計画」に基づき、2010年9月に配置された精神保健担当の健康管理医のサポートの下で、全国に先駆けて全職員に対するストレス調査が実施されるなど、年々充実しています。2013年度には、組織へのアプローチとして、職場環境の点検・改善を進め、不要なストレスのない支え合う職場づくりを目指す職場ドックが新たにスタートしました。

職場ドックは、まず、専門家の協力を得ながら作成されたマニュアルを用いて、各職場で取り組みを進めていく推進リーダーの養成研修会から始まりました。研修会では、各職場で選ばれた推進リーダーにより、チェックリストを用いて自分の職場の働きやすさについて点検等が行われました。

次に、モデル職場として13職場が選定され、それらの職場に派遣された専門家のサポートの下で、職場のメンバーが自分たちの職場の良い点や改善点について検討するためのグループワークが実施されました。このグループワークは「わいわいワーク」と名づけられ、その名のとおり、わいわいと楽しい雰囲気の中でメンバー同士の意見交流が進み、予定していた時間を超過するほど盛り上がった職場も複数ありました。

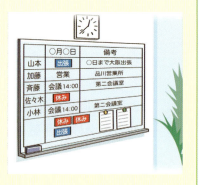

その後、各職場では、わいわいワークの結果を持ち帰り、所属長・メンバーの合意の下で改善策を検討し、職場環境改善に向けたアクションプランが作成され、実際の改善がなされました。そして、全ての改善事例の中から、審査等によって3つの職場の改善事例が選定され、年度末の京都府「改善取組事例及び京都創発事業発表会」－京力グランプリ－で発表されたところ、その中の一つの職場が優秀賞を受賞しました。

2014年度は、改善取組事例集を作成して全庁で共有し、新たな職場を選定して取り組みました。2015年度は、さらに実施職場数を拡大して職場ドックを展開していく予定です。

2. 職場ドックが生まれた背景

　職域のストレス対策は、公務職場でも取り組む優先課題の1つです。高知県庁では、2008年度から「心とからだの健康づくり計画」を策定し、管理職から一般職員まで幅広いメンタルヘルス研修や産業医、精神科医やカウンセラーによる相談事業、職場復帰支援制度の充実など、様々な対策に取り組んできましたが、これまでの取り組みは三次予防から二次予防にあたる個人へのアプローチが中心でした。

　メンタルヘルス不調の要因としては、家庭生活・プライベートの問題、職場のストレス要因、個人の性格や内的要因などが良くあげられます。ひとつの問題が原因というよりはさまざまな要因が重なっていることも多いと考えられます。その中で、職場環境の変化、特に人事異動に伴う仕事内容や職場の人間関係の変化とそのことに対する不適応などが不調のきっかけになっているケースも多く経験します。これは決してこれらが主原因というわけではなくても、「きっかけ」としては大きな要因となります。公務職場においては、数年毎の人事異動は必ず経験するものですし、職場単位で考えると毎年職場環境は変化していくこととなります。逆に人事異動があるからこそ、仕事内容や職場の人間関係が改善される事例もたくさんあり、人事異動は悪い面ばかりではありません。また、仕事の質や量の変化、職場の人間関係、仕事上の事故や失敗などの際の責任の発生といった問題は、研修や相談事業を拡充してもなかなかその問題自体を直接解決することが困難なことも多いのが現状です。

　そこで、メンタルヘルス対策を行うにあたって、不調の要因を一つ一つあたっていくよりも、「自分たちの職場環境を見直し、働きやすい職場環境づくりを行う」ことにより、これらの対策にならないだろうか、と考えました。

　このため、2010年度より、「ストレスが少なく働きやすい職場づくり」を目指し、2ケ所のモデル職場において、職場のメンタルヘルス対策としての職員参加型職場環境改善事業に取り組むこととしました。このモデル職場での取り組みを行う中で、「人間ドックを毎年受けて自らの健康を確認するように、職場においてもメンバー全員で職場の点検をし、良い点を認め合ってさらに改善につなげていこう」ということで、職場ドックという名称が生まれました。現在は「人間ドック」と職場ドックの「ダブルドック」で職員個人も職場も健康管理を！という合言葉になっています。モデル職場における取り組みを通してチェックリストやシート類の改編も行い、高知県庁版「職場ドックマニュアル〜職場ドックのすすめ」を作成しました。2011年度からは全職場で職場ドックに取り組んでいます。

　各職場からは「全員で取り組むことができなかった」「忙しいので、時間を割くことができない」「ハード面の改善はできたが、ソフト面の改善はできていない」等の意見や感想もありますが、まずはやってみる、楽しみながら、今ある資源でできることから、をポイントにして取り組みを進めるため、マニュアルには、「職場ドックを成功させるための6か条」を盛り込み、取り組みを行いやすいよう工夫しています。6か条とは、（1）職員の集め方、場の持ち方はその職場にあった方法で（チーム会やチーフ会を活用する）（2）リーダーを決めると良い（3）管理職はオブザーバー的な存在で温かく見守って（4）簡単に、手軽にできるところから始める（5）楽しみながらやるとアイデアも出やすい（6）やる前からあきらめは禁物、という内容です。

　なじみやすいように、キャラクターも作りました。犬（フレンチブルドック）で名前は「ハタラキヤスク

スルドック3兄弟（改善。：改（カイ）くん、善（ゼン）くん、○（マル）ちゃん）」です。

「職場ドック通信」の発行（年4回）や広報誌などを用いて取り組みの支援と情報提供も行っています。また、これら良好事例を中心にまとめた「職場ドック改善事例集」を発行して、良好事例の普及に取り組んでいます。毎年、良好事例の報告会と表彰式を開催しますが、表彰式のプレゼンターは知事です。トップの事業への理解も全庁への展開、事業の継続には重要なポイントとなっています。

公務職場は毎年4月に人事異動があり、職場環境は毎年変化があります。このため高知県庁における職場ドックの取り組みは1年間での完結型です。4月に管理職の研修会を行い、職場環境改善への理解を深めると共に、5月には各職場の「職場ドックリーダー」の勉強会を開催、実際にチェックリストやワークシートを使用して演習を行います。まずはリーダー自身が職場ドックを体験することで、スムーズな導入につながります。6月から11月の間に、実際に各職場での取り組みが行われます。進行状況の把握を行うために8月末に中間点検を行っています。そして12月には各職場からの改善事例が提出され、翌年1～2月には、各職場からの「改善事例シート」を県安全衛生委員会にて審査し、「職場ドック大賞」1所属、「職場ドック特別賞」2所属、AからF全6部門（A．ミーティング・情報の共有化　B．ON（仕事）・OFF（休み）のバランス　C．仕事のしやすさ　D．執務内環境の整備　E．職場内の相互支援　F．安心できる職場の仕組み）での部門賞12所属の授賞を決定し、良好事例の報告会と表彰式を開催しています。

かい（改）　ぜん（善）　まる（○）

ハタラキヤスクスルドック3兄妹

3兄妹で「改善○」

- 職員の集め方、場の持ち方はその職場にあった方法で　（チーム会やチーフ会）
- リーダーを決めると良い
- 管理職はオブザーバー的な存在で温かく見守って簡単に、手軽にできるところから始める
- 楽しみながらやるとアイデアも出やすい
- やる前からあきらめは禁物

図2-1　職場ドックを成功させるための6か条

高知県庁職場ドック

コミュニケーションの活性化は、「活性化しよう」という掛け声では実現しません。「職場ドック」は、職員間の相互理解や職場のコミュニケーションの向上につながり、ストレス要因を各職場で解決することからストレスの少なく働きやすい職場をつくる仕組みづくりのツールとなりうると考えています。

職場ドックは、職場巡視や管理職主導による職場改善ではなく、労使交渉による職場要求でもなく、各職場の職場ドックリーダーを中心とした職員参加型の職場環境改善です。

職員主導での取り組みは、改善提案が職場内で受け入れられることにより、職員自身が認められることによる自己肯定感の向上となり、職員間での思いやりと配慮が醸成され、コミュニケーション・職場の風通しがよくなります。これらにより、結果的には仕事の効率化と負荷の軽減につながり、職員一人ひとりが職場での居心地が良くなることにつながります。このことがメンタルヘルス対策の一次予防として重要な部分であると考えています。

職員一人ひとりが大切にされ、いきいきとやりがいを持って働くことができる職場づくりを目指して、今後も職場ドックの取り組みを継続していきたいと考えています。

全庁 166 所属のうち、2011 年度には、140 所属から 228 件、2012 年度には 157 所属 273 件、2013 年度には 162 所属 238 件の職場改善事例が報告され、ほとんどの職場で改善への取り組みが行われています。

　例えば、棚の配置換えや机上の書類の整理、書架等の固定などによりスッキリと見通しの良い執務環境が生まれ、職員の往来も円滑になり、グループ間での意思疎通にもつながってコミュニケーションが向上したという所属や、職員の数や年齢構成に配慮し、2 班を向かい合わせて配席したことで、若手職員を交えた全体での話し合いが日常的にできるようになり、考え方の統一や若手職員のサポートの強化につながった所属等もありました。また、来客（県民）に対するサービスの向上にもつながった事例や庁舎の機械警備のセット忘れによる防犯上の問題を解決するために鍵に目立つステッカーをつけ、意識づけさせること等で職員の不安を解消したという報告もあり、安全対策にも広がった取り組みもありました。

　改善策をだして職場環境の改善を行うことは、職場巡視や上司からの改善命令でも行うことができますが、チェックリストを用いてグループ討議を行うことにより、「ちょっとしたことだが、普段言いにくいこと」や「気にはなるが、あえて言うほどでもないこと」などを出し合い、お互いが職場のことについてどう考えているかの理解が深まることにより、職場内でのコミュニケーションの活性化につながっていると考えています。実施後のアンケートでは、回答した職員の約 8 割が「職場ドックに取り組んでよかった・どちらかといえばよかった」と回答しています。

外国人労働者による職場環境改善の取り組み

　ガラスリサイクル業の A 事業場は、従業員 40 人中約 6 割が外国人労働者でしめられています。A 事業場では、事業拡大に伴い人員が急増し、労働災害が多発したため、現業を担う外国人労働者を対象に、参加型職場環境改善の取り組みを始めました。約 3 か月間にわたり、就業後 2 時間の時間を使って、チェックリストを使った職場環境の振り返り、グループ討議による良い点・改善点の検討、職場環境改善の計画の発表を行いました。ワークで使ったトレーニングキット（チェックリストやワークシート）は日本語、英語、フランス語、スペイン語など、外国人労働者の母国語に翻訳したものを準備しました。さらに文章はなるべく平易な表現を使い、イラストや写真を多用して、文章を読みこまなくても一目で内容が分かるように工夫しました。ワーク終了後には話し合った改善計画に沿って様々な改善が実施されました。作業場所には、保護眼鏡や手袋、ヘルメットなどを保管するための棚やフックが設置され、着用の徹底が外国人労働者同士で促されるようになりました。その他、危険個所のガード設置や危険個所の注意喚起表示など、次々と外国人労働者自身の手で実施されていきました。安全や健康に関する掲示板には、日本語だけでなく多言語を用いた表示が設置されるようになり、日本語を十分に理解していない外国人労働者にも内容が共有できるものとなっていきました。このような取り組みを続けていく中で、労働災害がほとんど起こらなくなっただけでなく、外国人労働者の安全や健康対する意識が高まり、現場のコミュニケーションが促進されるなど、安全で健康的な職場環境が形成されていきました。

3. 職場ドックのすすめ方、計画から実施、まで

　職場ドックのすすめ方では、職場単位で自分たちの職場の検討会をもつことが主軸となります。そこでは、特に時期を定めずに参加する職場ごとの職場検討会を開き、改善を提案し実施していく平易なやり方と、事業場内で年間スケジュールを決めて参加職場で同時並行に職場検討会を開き、改善実施の期限も決めておくすすめ方とがあります。参加する職場では、このいずれも同じすすめ方になりますが、特に年間スケジュール方式では、事業場の職場間で同時並行して行う効果が大きいと認められます。職場ドック活動が普及しているのは、この年間スケジュール方式の場合に、経営方針、経営戦略の一つとして位置づけて行う利点が明確だからです。ここでは、年間の取り組みスケジュールを組んで実施していくすすめ方に力点をおいて解説します。

図3-1　職場ドックのすすめ方の全体スケジュール例

（1）計画

①年間を通じたスケジュールの作成

　職場ドックでは自分の職場全体を職場の仲間で振り返る機会を設け、働きやすい職場づくりを参加者の合意で進めて行きます。そのためにも、あらかじめ全体スケジュールを各職場に周知しておき、年間を通して計画的に実施することが重要です。

②役割分担の明確化

　職場ドックは、各時期に事業担当部署で行うこと、職場で行うことがありますので、それぞれの役割分担や担当者を明確にしておくことが大切です。どの部署が事務局となって推進していくのかなど、実質的な運営についても事業場での合意を形成しておきます。

　すでに取り組んでいる改善活動などがある場合には、参加する職場間で並行実施できるように、それらとの関係性を整理しておきましょう。安全衛生委員会、QCサークル、改善提案制度など、すでにある職場の仕組みを活用できるか検討します。

③PDCAサイクルを組み込む

　スケジュールに基づいて１年間の活動を振り返り、その成果をまとめることができるよう、PDCA（計画・実行・見直し・継続）サイクルに沿った取り組みであることを明確にします。

（2）事前準備

　職場ドックは、職場の仲間同士ですぐできる改善を参加者の合意で進めていくこと、つまり、話し合い、理解し合う過程が重要です。しかし、「さあ、話し合おう」と時間と場所の設定さえすれば良いのではありません。忙しい業務の間隙をぬって確保した貴重な時間を効率的で有意義に活用するためにも、各自で自分の職場を振り返ることのできるチェックリストや、考えや意見をまとめやすいようなワークシートなど、職場に合った各種ツールを準備します。

　職場は業種、業態でも大きく異なりますから、ツールはその職場に合ったものを十分に検討して準備します。なぜなら、成功している既成のツールをどこからか持ってきて、そのまま当てはめても、その職場に合うとは限りません。似たような職場はあっても実情は異なりますから、現地（＝その業種・業態、職場）に合わせてカスタマイズした、現地適合型ツールが必要です。これは、現地の良好事例を反映して、十分実施可能な知恵を出し合うことができるように整えます。

　各種ツールは、例えば「職場ドックマニュアル」として10数ページほどにまとめるのがわかりやすいでしょう。

　また、これらのツールも使いながら、より使いやすく現実に即したものへと、つねに見直し、工夫を重ねましょう。

表3-1 「職場ドックマニュアル」の目次とページ数の例

目次例	頁数のめやす	マニュアルを作成する際のポイント	本書の解説
①取り組みの意義	1～2	事業場の年間安全衛生活動とメンタルヘルス、職場ドック活動の位置づけ、ストレスチェック制度の活用と意義について	P6-
②すすめ方の説明（全体スケジュールと手順）	2～4	PDCAで進める職場環境改善の各ステップとゴール、担当者の役割を解説	P14
③職場ドックチェックリスト	2～6	事業場の特性にあわせた（言葉を修正した）職場ドックチェックリストを掲載	P27
④個人ワークシート	2	シンプルで記入しやすいもの。見開きで左にワークシートの記入例、右に記入欄。	P21
⑤グループワークシート	2	シンプルで記入しやすいもの。見開きで左にワークシートの記入例、右に記入欄。	P22
⑥改善計画書	1	記入しやすいもの、電子データで配布可	P23
⑦改善報告書	1	前後写真の記載・添付スペースをつくる	P24

（3）実施（職場検討会・グループワーク）

「職場ドックマニュアル」の活用

　職場単位で推進担当者（リーダー）を置いて進めていくと良いでしょう。推進担当者は「職場ドックマニュアル」をもとに各職場への周知とグループワーク開催の準備をしますが、参加者のひとりでもあり、教師ではなく活発な議論を促す助言者として位置づけます。大きな事業体の場合は、全体で取り組む前段階として、一足先に職場ドックを体験し、全体の流れや各職場での取り組みのポイントを学ぶ推進担当者研修会の機会を設けることも有用でしょう。

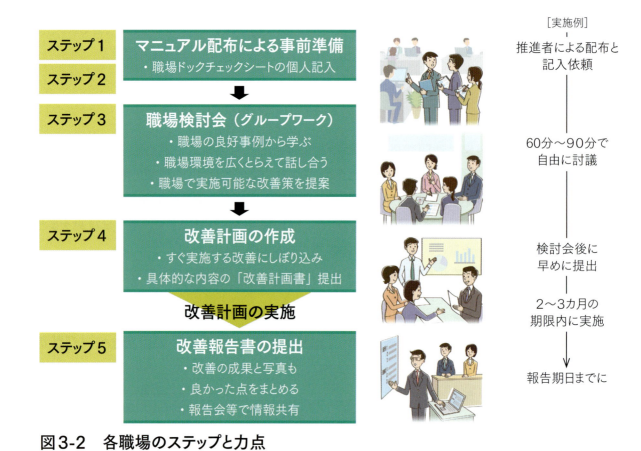

図3-2　各職場のステップと力点

表3-2　ステップの解説

ステップ1	取り組みの意義を理解し、進め方（全体スケジュールと手順）を周知する。
ステップ2	各自でチェックリストを使い、働きやすい職場づくりのために役立っている良い点3つ・改善したい点3つを個人ワークシートに記入しておく。
ステップ3	職場検討会（グループワーク）を開催する。この中で、各自の個人ワークシートをもとに意見交換をし、職場単位で合意した働きやすい職場づくりのために役立っている良い点3つ・改善したい点3つをグループワークシートにまとめ、それを発表し合い、参加者全員で共有する。
ステップ4	グループワークで出された意見をもとに、具体的な改善計画を立て実施する。
ステップ5	改善された点、その効果、実施後の感想などを報告書にまとめ、職場全体で共有する。

職場で取り組むためのヒント

　職場検討会で実施するグループワークを成功させるための準備として、職場ドックの趣旨と手順を理解し、参加者が自身の職場について事前に意見を整理する個人ワークをしておくとスムーズに進みます。そのためにも、チェックリストはアクション型（アクションフレーズとしてまとめたもの）が最適です。

　グループワークは少人数（最大で5名程度）のグループごとに意見交換をします。活発な意見交換のコツは、抱える課題や弱みから始めるよりも、参加者や職場での成果や強み、すなわち、良い点から討議し、それから改善点を討議していくポジティブな思考です。視点を幅広く持ち、良いところを認め合い、すぐできることを目標に、安全、健康と業務に役立つ改善、成果が分かりやすく、仲間で共有できることが大切です。

（4）改善計画の作成から報告提出まで

　参加職場ごとに作成された「改善計画書」は、全体の担当部署に提出するか、あるいは大きな事業体であれば、部局ごとにまとめます。この「改善計画書」を年間スケジュール内の一定期日までに提出することで、参加職場の合意成立を確かめることができます。「改善計画書」提出から2ないし3ケ月後の期限までに改善を実施したら、その成果を「改善報告書」に記入して提出するようにします。「改善計画書」も「改善報告書」も1〜2ページの簡単な書式にしておくことが、大切です。

（5）継続した取り組みとするために

　職場ドックは、その職場の誰もが働きやすい職場づくりを目指して、職場の仲間同士ですぐできる参加型職場環境改善です。そして職場の仲間の合意がキーとなります。一部の意見を押し付けるものではなく、一部の人に負担が集中するのでもありません。そのために話し合いの場を何より大切にします。職場の実態は一律ではありませんから、その職場に合った場の持ち方をし、現場での良い事例に学びながら、視点は幅広く、実現可能性を重視して、できるだけたくさんのアイデアを出し合います。そして、アイデアをアクションに結び付けるステップバイステップの改善計画・実施ができるようにしましょう。すべてを一時にではなく、できることからの積み重ねが大きな成果へつながります。

　各職場での職場ドックを成果のある継続した取り組みとするためには、その活動を支援する仕組みづくりとともに、成果を評価し、発展させるフォローアップ体制も大切です。現場には改善のアイデアにあふれています。働きやすい職場づくりに役立ったアイデアを具体化した成果をシェアし、さらなる改善へとつなげるためにも、評価をしっかりすることが重要なポイントです。職場ドックに参加することにより自らが働きやすい職場づくりをしているという実感を持つことで、この取り組みは進化・深化します。なお、「ストレスチェック制度」の導入により各職場集団のストレスチェック集計結果の活用を検討している事業場もあると思います。ストレスチェック結果は、モニター的な評価に活用することもできます。

4. 職場ドックがとりあげる領域

(1) 働きやすさに関連深い改善アクション

　職場ドックでは、働きやすさに関連の深い職場環境を幅広くとりあげます。職場環境を心や体に負担が少なく、健康に効率よく働くことのできる仕事場条件として広く捉えるからです。職場の環境改善には、働く人たちは日常取り組んでいて、多様な良い実践のかたちで改善を積み重ねています。その多彩な改善事例を集めて、多様な職場に共通して働きやすさに役立っている改善領域を整理したものが、今、職場ドックで広く目配りしている領域です。

　働く人たちの対話の題材として、従来はともすると安全・健康に影響する要因を分類してとりあげる場合が多かったのですが、職場ドックでは、影響要因から考えるのではなく、良好実践として職場でとりあげやすい改善策に焦点を合わせます。職場環境改善のアクションとしては、せまく捉えないで、社会環境、家庭・個人生活のバランス、仕事のしやすさと各種の危険有害環境に対する改善策を幅広くとりあげるのです。

(2) 職場ドックの6領域

　そこで、職場ドックでは、製造業、サービス産業、また、中小企業、分散職場などに、良好実践上のアクション領域として共通している次の6領域を中心に検討します（図4-1）。

A．ミーティング・情報の共有	B．ON（仕事）・OFF（生活）のバランス	C．仕事のしやすさ

短時間の定例ミーティング、作業の分担、スケジュール表、掲示板など情報の共有	ノー残業デーなどの目標、業務量の調整、休憩の確保、十分な勤務間隔と休日	物品の取り扱い、分かりやすい表示・ラベル、反復作業の改善、作業ミスの防止
D．執務室内環境の整備	E．職場内の相互支援	F．安心できる職場のしくみ

照明・温熱・音環境、有害物質対策、休憩・休養設備、緊急時対応	上司の相談しやすさ、同僚間のコミュニケーションの取りやすさ、懇談の場、仕事の評価	訴えへの対処、研修の機会、救急措置、緊急の心のケア

図4-1　職場ドックがとりあげる6領域

（3）改善アクションのとりあげ方

　改善アクションは、まず自分たちの職場の良い点を指摘し合って、職場内で共有してから、次に現状をさらに良くするために「自分たちでどんなことができるか」の視点で小集団討議することによって、とりあげやすくなります。そこで、職場ドックでは、すでにある良い点を学びながら、同じように自分たちで実施できること、特に簡単で手軽にできることから。明るく取り組んでいくようにします。この視点で短時間の職場検討会で小グループに分かれて話し合うときに、「すぐ実施できること」を6領域についてリストアップしてある「職場ドックチェックシート」（アクションチェックリストと呼ぶことも）が役立ちます。20～30項目ほどのリストにある項目の中から選んで、それを参考に実際に行える改善策を提案し、話し合いで3項目ほどに合意していきます。6領域のどの領域から選んでもよく、すぐできる改善策に力点をおきます。この具体的な改善策を、期限を決めて実施する計画としてまとめる手順は、「グループワークのすすめ方」で述べます。

　6領域は、固定したものではなく、その職場に適した領域群を幅広くとりあげる原則に合致しているなら、領域を絞ったり、べつの重要な領域を追加することもできます。

（4）6つの改善領域の有用性

　職場がとりあげる6つの職場改善領域（図4-1）は、職場ストレス研究における多様なストレス理論や実施での経験をもとに作成されています。図4-2には主なポイントを示しました。詳しくは巻末の参考・引用文献などをご参考ください。

(1) ストレス改善に役立った良好事例・成功事例から手引作成	(2) 多様な職場でチェックリストが多様な条件で活用されている	(3) 実際に地域・企業で活用されて、新しい学びを支援
(4) 努力報酬不均衡モデル（ERI model）に基づく職場改善	(5) 仕事要求度－コントロールモデル（Job demands-control model: JDC model）に基づく職場改善	(6) 職業性ストレス予防におけるEBMガイドラインの活用による職場改善

図4-2　職場ドックの6つの改善領域が関係するポイント

5. 職場ドックで利用されるツールとその使い方

（1）職場ドックで利用されるツール

職場ドックで利用されるツール

　職場ドックを進めるうえで重要なことは、「改善」について特別な知識や技能を持たなくても、誰もが容易に参加し実施できるということです。それは、その職場で働いている参加者自身が、職場の働きやすさを実現している良い点も、改善したらもっと良くなる点も知っているからです。

　しかし、良い点を認め合い、その事例を共有したり、具体的な改善のアイデア、優先順位づけなど、どのように整理しながら進めていくかなどは、しっかりとした道筋が必要です。必要に応じて、チェックリストをはじめとした各種ツールを活用することでその道筋が容易になります。図5-1に例示しました。

ツール名	ツールの簡単な説明
1 職場ドックチェックシート	6つの改善領域、24項目の基本的なアクションチェックポイントをそれぞれの職場に合うようにカスタマイズします。 これをもとに、各自の職場を振り返り、自分なりの考えをまとめていきます。
2 良好事例	すでに行われている職場での良い工夫や、改善例です。写真やイラストエピソードなどです。
3 ワークシート	個人が事前に記入するシートとグループで話し合ったことをまとめるシートがあります。
4 改善計画・報告用紙	a. 改善計画書：改善の計画を具体的に立て、期限を決めて実行できるようにまとめます。 b. 改善報告書：改善前と改善後の写真やレイアウト図、参加者の感想などをまとめます。

図5-1　職場ドックの基本ツール

　これらのツールに、職場ドックの取り組みの意義、進め方（全体スケジュールと手順14ページ参照）の説明を加えて「職場ドックマニュアル」としてまとめ、冊子などで準備するのがわかりやすいでしょう。

　職場ドックをどのように捉え、どのように進め、着地点はどこか、を明確に"見える化"することにより、取り組みやすさが実現し、成果に結びついていきます。

（2）職場ドックチェックシート（アクションチェックリスト）の使い方

職場ドックチェックシートの構成

　職場ドックで使う集団討議用の職場ドックチェックシートは、アクションチェックリストの形式による職場環境の点検表です。個人（またはグループ）で職場の良い点・改善点の目のつけどころを学ぶために使われます。基本形は職場環境改善を幅広く見る視点として6領域・各4項目の合計24項目から構成しています。標準的なアクションチェックリストは20〜30項目が使いやすいので、各職場の特性に合わせて領域を追加したり、必要なアクション項目を追加あるいは、不要な項目を削除したりすることも可能です。参加型職場環境改善で汎用されている「アクションチェックリスト」の形式をとっていることから、職場ドックチェックリストと呼ばれることもあります。

　職場ドックチェックシートが20〜30程度の項目数になっているのは、その項目リストを使って職場の良い点・改善点をみつけやすいようにするためです。これは、とりあげる領域全体について短時間で目配りするには、項目数が限られているのが好都合だからです。また、個人で使う場合も、グループで検討に参照する場合も、対象領域全体についての典型的なアクション項目が並んでいれば、それらからヒントを得やすくなります。つまり、点検表であると同時に、良い点・改善点の提案用リストでもあるのです。このように、職場ドックチェックシートは、人間ドックで用いる「問診票」のように使うことができます。

良い点と改善点のとりあげ方

　「すぐに実施できること」を職場単位で検討する際に職場ドックチェックシートが役立ちます。話し合いで良い点3つ、改善点3つに合意する討議課題設定が勧められます。改善点を、「期限を決めて実施する計画」にまとめる手順は、グループワークのすすめ方で述べます。

　重要なことは、標準の「職場ドックチェックシート」をそのまま使うか、あるいは職場の実情に合わせて項目を絞ったり、重要と思われる項目を追加したりするかを決めることです。

「職場ドックチェックシート」は、次のように記入します。

1. まず、職場の環境を振り返りながら、各チェック項目を読みます。
2. チェック項目にとりあげられている対策が不必要で、今のままで良い（対策がすでに行われているか、行う必要がない）場合は、「□いいえ」に✔をつけます。
3. その対策が必要な（これから改善したい）場合は、「□はい」に✔をつけます。すでに対策が行われている場合でも、さらに改善したい場合には、この「□はい」に✔をつけてください）。
4. 「□はい」に✔のついた項目のうち、その対策を優先してとりあげたほうがよい項目は、「□優先する」に✔をつけてください。3〜5つ選ぶとよいでしょう。
5. チェックリストを記入したら、あなたの職場で安全・健康に、快適で働きやすい職場づくりのために「役立っている良い点3つ」と「改善したい点3つ」を最後のページに記入します。
6. このチェックリストにはない項目で、自分たちの職場のチェックリストに追加したほうが良いと思う改善策がある場合は、「E.追加項目」の欄に直接記入してください。

標準的な職場ドックチェックシートは付録の62ページを参照してください。

（3）良好事例写真の活用方法

　　良好事例写真は、職場で安全・健康で働きやすい職場づくりに役立った良い事例を写真に記録したものです。それぞれの職場では、安全・健康で快適な職場環境づくりのためにすでに様々な工夫が行われています。その工夫を写真に収め、可視化することで、すぐに実施できる低コストで効果的な改善アクションのイメージを共有することができます。これらの事例はすでに職場が実践している、つまり、職場が受け入れている改善アクションであるので、容易に水平展開できます。そして、現実の職場で実施されているという説得性も感じることができます。

　　また、良好事例写真は、自分たちの職場を見直す際に、職場環境改善を幅広い視点からみるために重要な役目を果たします。これらの良好事例は、類似する業種・職種から選び、アクションチェックリストの改善領域ごとに数枚ずつ提示すると良いでしょう。

　　職場検討会では、参加者に安全で健康で働きやすい職場づくりに役立っていると思う「最も良い事例1つ」、「次に良い事例2つ」を選んでもらい、投票します。すべての良好事例写真をA4用紙ないしA3用紙にプリントアウトし、ふせんやシールなどを写真に直接貼り付けて投票してもらいます。これを「良好写真投票」と呼びます。この写真投票の目的は、参加者が職場環境改善についてどのような領域に興味・関心、あるいはニーズを持っているかを把握することと、参加者同士の相互交流に向けたアイスブレイクの役割を持っています。投票した後に、それぞれがどの写真に投票したか、その理由を発表してもらい、参加者同士が職場環境改善について何に関心を持っているのかを共有します。写真投票を行う場合は、12枚から16枚程度の良好写真を選んでおくとよいでしょう。

（4）ワークシートの使い方

　　ワークシートは自分や仲間の意見をまとめる際に使用します。自分の意見をまとめる個人ワークの際に使用する個人シートと、グループワークで使用するグループシートの2種類があります。

　　アクションチェックリストを基に自身の職場を振り返り「安全・健康で、働きやすい快適な職場」にするための良い点・改善点を個人ワークシートに記入します。良い点・改善点をそれぞれ3つずつに絞って、できるだけ具体的に記入します。

　　その後個人ワークシートの結果を基に、グループワークを行います。グループワークではメンバー各々の意見を基に「安全・健康で、働きやすい快適な職場」について、その職場の良い点・改善点を話し合い、それぞれ3つずつに絞り改善提案の優先順位をつけていきます。

個人ワークシート

職場ドックチェックシートをチェックしたら、整理してみましょう。

◆自分の職場の良い点（「いいえ」にチェックがある内容）

	安全・健康で、働きやすい快適な職場づくりに役立っている良い点3つ	
NO	職場の良い点	その理由
1	〈例〉 ミーティングを定期的に実施し情報共有できている	・終了時間を設定し効率よく実施できている ・職員全員が参加している
2	〈例〉 上司とコミュニケーションがとりやすい	・定期的に話し合う機会を設けている ・率直に意見をいえる雰囲気がある
3		

◆自分の職場の改善点（「はい」にチェックがある内容）

	安全・健康で、働きやすい快適な職場にするために改善したい点3つ	
NO	職場の改善したい点	働きやすくするための具体的なアイデア
1	〈例〉 公用車を効率よく使用したい	・ホワイトボードに公用車の使用予定を記載し視覚的に確認できるようにする
2	〈例〉 共有データを必要時にすぐにとりだせるようにしたい	・責任者をきめて不要ファイルを定期的に処分する
3		

グループワークシート

個人ワークシートから、「職場の良い点」と「改善したい点」を3つにまとめて、働きやすくするためのアイデアを話し合ってみよう。

安全・健康で、働きやすい快適な職場づくりに役立っている良い点3つ

NO	職場の良い点	具体的な内容とその理由
1	〈例〉 一人の職員に業務の偏りがない	・業務マニュアルをつくり、担当者以外でも対応できるようにしている ・ホワイトボードで職員全員の業務の進捗を視覚的に確認し調整している
2	〈例〉 会議資料などが必要時に取り出しやすい	・毎月整理整頓の日を決め、徹底している ・会議毎に必要書類を整理して取り出しやすくしている。
3		

安全・健康で、働きやすい快適な職場にするために改善したい点3つ

NO	職場の改善したい点	働きやすくするための具体的なアイデア
1	〈例〉 ノー残業デーを徹底したい	・上司が率先して実行する ・当日は業務時間後すぐに電気を消す
2	〈例〉 休憩スペースを確保したい	・パーティションなどで休憩中の職員が外からみえないように工夫する
3		

（5）改善計画・報告用紙の使い方

改善計画・報告用紙はPDCAをまわす際にキーとなる記録文書です。マネジメントシステムにおける文書記録としても要の書類になります。職場での検討会を基に、各職場の職場改善の担当推進者は上司への相談、同意を適宜得て改善計画を立案し、改善計画書に計画を記入していきます。

計画書には改善したい点とその具体的な改善計画を記入します。特に実施担当者（誰が）、改善期限（いつまでに）、改善内容（何をどのように）等は必ず記載しておきます。多くの改善案が出た場合はすぐにできるもの、意見の共通するもの、緊急性の高いものを優先していきながら作成していきます。改善計画書は検討会後1ケ月以内にとりまとめを行って安全健康部門などの担当者に提出します。

改善を行う際にはその前後での変化がよくわかるように写真を撮っておくことがよいでしょう。改善実施後は改善報告書に改善領域、改善内容とそのポイント、評価、改善後の課題等を記載し実施前後での写真を貼付して担当者に提出します。次に改善計画書・報告書の例を記載しておきます。

改善報告用紙

【改善計画書・改善報告書】　平成　　　年　　　月　　　日　　記入者

所属名	
職員数	／　　　人（内　管理職員　　　人）

改善計画	改善テーマ	誰が、何をどのように、いつまでに

改善実施期間	平成　　　年　　　月　　　日～　　　年　　　月　　　日

実施内容のポイント（簡潔に）	※記入例　○○の確保、△△の実施、□□の徹底など 改善内容に該当する領域（該当するものに一つだけ○をつける） A．ミーティング・情報の共有化　　　B．ON（仕事）・OFF（休み）のバランス C．仕事のしやすさ　　　　　　　　　D．執務室内環境の整備 E．職場内の相互支援　　　　　　　　F．安心できる職場のしくみ

改善を実施した目的・理由（背景など）	

参加メンバー費用	参加したメンバー： かかった費用：

改善内容（箇条書き）	

改善前後の写真イラスト	改善前	改善後

改善後の評価・意見	

改善の評価・意見	

6. 職場ドックに利用する良好実践事例

良好実践事例がなぜ役立つか

　職場ドックの実施にあたっては、自職場、類似職場の職場環境をさまざまに改善した良好実践事例を参加者に提示することが大いに役立ちます。例えば、職場ドック参加者に配るチェックリストの中に、6領域の領域ごとにどんな良好実践事例があるかを簡単に1行以内ぐらいに列記しておくと、チェックリストを使って良い点、改善点を討議する際に、大いに役立ちます。また、対象職場で参考になりそうな典型的事例を「改善前」と「改善後」写真とともにマニュアルに載せたり、改善事例集として配布すると、似た改善を提案しやすくなり、グループワークや改善計画作成に役立てることができます。

　こうした良好事例は、すでに行われている事例ですから、現場の条件で実施可能な改善策を示しているので、参加者の討議や計画作成に役立ちます。職場ドックで取り上げる改善領域に見合って集められた良好事例は、すぐ達成可能な改善目標の例に当たるわけです。既存の職場ドックチェックリストに付記されている事例、改善事例写真集を利用することもよく、また、モデル職場や初年度の取り組み職場における改善事例が少数でも集められれば、なお効果的です。

　職場の討議や計画作成に特に役立つのが、6領域にわたって集められた低コスト改善事例です。低コスト事例は、短いフレーズなり、改善写真を見れば、どういう改善で、その達成に何をすればよいかがすぐに分かりやすいのが、大きな利点となります。自職場ですでに実施されたものと似た例があれば、自職場の良い点としてとりあげやすくなりますし、また、多領域にわたる事例をみることで、その中から現場の条件で実施して成果があがると分かる例を、職場の人たちがいくつか選んで提案しやすくなります。

　良好実践事例を分かりやすく提示するには、短いフレーズで示すか、事例写真を簡単な説明文付きで示すかすると良いでしょう。職場ドックチェックリストの各項目は、こうした典型事例に基づいて対象職場で実施しやすい低コスト改善を文章化したものですから、チェックリスト項目ないし各領域に添って良好事例を提示していくことが勧められます。図6-1に例を示しました。

領域	良好実践事例
A：ミーティング・情報の共有化	✔短いミーティングで各チームの当日の予定を確認 ✔全員のスケジュールを表に書き出して共有 ✔窓口、電話対応に必要な情報をマニュアルに書いて全員に周知
B：ON（仕事）・OFF（休み）のバランス	✔担当間で話し合い、仕事に支障ないように休暇を調整 ✔繁忙期やピーク期の仕事の分担をチーム内で事前に協議
C：仕事のしやすさ	✔物品、書類などをすぐ取り出せるように保管方法を改善 ✔保管棚や机の配置を変えて使いやすい会議スペースを確保
D：執務室内環境の整備	✔音・照明・空調環境を良くするよう、仕事場所、保管棚などを配置替え ✔地震対策に、保管棚などの高い場所に物を置かず、倒れてこないように工夫
E：職場内の相互支援	✔上司に気軽に相談できるように雰囲気づくり（上司の着席時間設定、見回りなど） ✔職場で短時間の飲み会やレクリエーション交流を開催
F：安心できる職場のしくみ	✔保健担当者にストレス、悩みについて相談できる時間帯・連絡方法の設定 ✔緊急時の連絡を取る手順を全員が理解できるようにして掲示

図6-1　良好実践事例を短いフレーズで示す例

職場内の改善事例について「改善前」と「改善後」を示す一見して分かりやすい写真があれば、それを利用します。すぐに事例写真が職場内に見つからないときは、類似職場にある事例の写真でも、もちろん利用できます。すでに発表されている写真で利用して差し支えないものや、このマニュアルにある写真を利用することもよいでしょう。なるべく、多領域にわたる事例写真を選んで、多領域にわたる良好事例に目配りできるようにします。

A：ミーティング・情報の共有化

係ごとの短時間ミーティングを設けます	スケジュール表を活用します

主担当者のみの打合せ会議 ／ 職場全員参加の情報交換ミーティング ｜ 改善前 管理職だけの予定表 ／ 改善後 担当者全員の予定の掲出

B：ON（仕事）・OFF（休み）のバランス

ゆっくりくつろげる休憩環境を整えます	専用の仮眠室を設けます

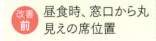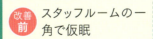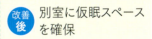

改善前 昼食時、窓口から丸見えの席位置 ／ 改善後 パーティションでくつろげる昼食休憩 ｜ 改善前 スタッフルームの一角で仮眠 ／ 改善後 別室に仮眠スペースを確保

図6-2-1　良好実践事例を改善前後写真で示す例

C：仕事のしやすさ

| 不要な書類を判断して整理します | 書棚やロッカーの配置を変え通路を確保 |

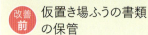

改善前：仮置き場ふうの書類の保管 ／ 改善後：必要な書類を分類整理して定位置化 ｜ 改善前：通路を妨げるロッカーや物品 ／ 改善後：ロッカー配置を変え見通し良く

D：執務室内環境の整備

| 防寒対策を検討します | 廃棄物をわかりやすく分別します |

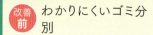

改善前：冬に寒さを感じる執務環境 ／ 改善後：プラスチック段ボールで冷気を遮断 ｜ 改善前：わかりにくいゴミ分別 ／ 改善後：省スペースで見やすい分別

E：職場内の相互支援

| チーム内で業務をシェアし易くします | 職場内の相互理解の機会を増やします |

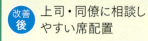

改善前：担当者だけの来客対応業務 ／ 改善後：対応マニュアルで皆が対応 ｜ 改善後：上司・同僚に相談しやすい席配置 ／ 改善後：インフォーマルな場で相互交流

F：安心できる職場のしくみ

| 相談しやすい環境を整えます | 緊急時の対応手順を定めて周知します |

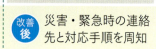

改善前：気兼ねする隣り合わせの相談場所 ／ 改善後：パーティションで相談しやすい環境 ｜ 改善後：気兼ねなく相談できる専門職窓口の設置 ／ 改善後：災害・緊急時の連絡先と対応手順を周知

図6-2-2　良好実践事例を改善前後写真で示す例

7. 職場ドックチェックシート各領域の解説

表7-1　アクションチェックリストの各領域

A. ミーティング・情報の共有化　　　　　　　　　　　　　　　　　　　　　　　（P30〜33）

1. 業務のスケジュールについて従業員が参加するミーティングを定期的に開催します。
2. 具体的なすすめ方や作業順序について、少人数単位または作業担当者ごとに決定できる範囲を調整します。
3. 対応マニュアルの作成などで仕事を円滑に進めるために必要な情報を共有します。
4. スケジュール表や掲示板を活用し、全員に必要な情報が伝わるようにします。

B. ON（仕事）・OFF（休み）のバランス　　　　　　　　　　　　　　　　　　　（P34〜37）

5. 繁忙期やピーク時に備え、個人やチームに業務が集中しないよう前もって人員の見直しや業務量の調整をするようにします。
6. ノー残業デーなどの活用により、残業時間を減らします。
7. 十分な休憩時間が確保できるようにします。
8. 休日と休暇が確保できるよう計画的に、また、必要に応じて取れるようにします。

C. 仕事のしやすさ　　　　　　　　　　　　　　　　　　　　　　　　　　　　　（P38〜41）

9. 各自の作業スペース、作業姿勢等を見直して、仕事をしやすくします。
10. 職場全体の机、キャビネット、書架等のレイアウトや動線を見直して仕事をしやすくします。
11. 書類や物品等の保管方法を見直して、必要なときに必要なものを、誰もがすぐ取り出せるようにします。
12. 安心して仕事ができるよう、ミスや事故を防ぐための工夫をします。

D. 執務室内環境の整備　　　　　　　　　　　　　　　　　　　　　　　　　　　（P42〜45）

13. 冷暖房設備などの空調環境、照明などの視環境、音環境などを整え、快適なものにします。
14. 快適で衛生的なトイレ、更衣室とくつろげる休養室を確保します。
15. 職場における受動喫煙防止対策をすすめます。
16. 災害発生時や火災などの緊急時に対応できるよう、通路の確保や必要な訓練を行うなど、日ごろから準備を整えておきます。

E. 職場内の相互支援　　　　　　　　　　　　　　　　　　　　　　　　　　　　（P46〜49）

17. 必要な時に上司に相談したり支援を求めたりしやすいよう、コミュニケーションをとりやすい環境を整備します。
18. 同僚に相談でき、コミュニケーションがとりやすい環境を整備します。
19. 職員同士がお互いを理解し、支え合い、助け合う雰囲気が生まれるよう懇談の場を設けたり、勉強会等の機会を持つなど、相互支援を推進します。
20. 職場間の連絡調整で相互支援を推進します。

F. 安心できる職場のしくみ　　　　　　　　　　　　　　　　　　　　　　　　　（P50〜53）

21. こころの健康や悩み、ストレス、あるいは職場内の人間関係などについて、気がねなく相談できる窓口または体制を確保します。
22. ストレスへの気づきや上手な対処法など、セルフケア（自己健康管理）について学ぶ機会を設けます。
23. 業務に必要な研修やスキルアップの機会を確保するようにします。
24. 救急措置や緊急時の連絡・相談の手順を全員が理解できるようにします。

A．ミーティング・情報の共有化

1 業務のスケジュールについて従業員が参加するミーティングを定期的に開催します

なぜ取り組むか
（対策の意義）

日常の仕事は無計画に従業員へ割り当て進められているわけではありません。それぞれの職場における仕事や、工場の製品製造工程や手順、サービスの提供方法は、企業の生産計画や業務目的に従った計画のもとに進められています。

したがって、従業員がそれぞれの業務に臨む際には、作業の目的や手順、遵守すべき決まり事だけでなく、業務に関する全体的な情報も十分に理解していなければなりません。こうすることで、作業に関する疎外感を少なくし、だれが何を担当して現在の仕事が行われているか理解することができ、個人の能力を最大限に発揮することにつながります。

管理監督者が業務の全体を理解していても、実際の作業に従事する者が、その作業の目的や、一日、週ごと、月ごとの計画を知らずに業務を行うことは、管理監督者と現場従業員の作業に関する情報にずれが生じ、結果（成果）に良くない影響を及ぼします。

このような齟齬をなくすためにも、職場の管理者、従業員が全体の計画を理解したうえで、仕事に取り組むことが重要です。

どのように取り組むか
（改善の具体的方法）

☐ 作業に入る前に短時間ミーティングを設け、すべての従業員が参加して、一日の作業計画をお互いに知らせ合い、わからないことが聞き合える時間を持ちます。

☐ 各職場単位でツールボックスミーティングなどを活用します。

☐ 定期的に作業計画の見直しの機会を設けることで、お互いの作業の進捗を確認し、それぞれの役割分担を理解します。

☐ 他部門のメンバーや作業チームが定期的にミーティングの機会を持てるようにして、職場全体で作業分担や作業手順を見直します。

☐ 年次有給休暇やその他の休みの取得などの見通しをお互いに知らせ合い、業務計画の実施に影響しないようバランスが取れるよう、作業計画をたてます。

追加のヒント

○ 一日ごと、週ごと、月ごと、各職場の業務計画スケジュールを作成し、周知します。

○ 作業の進捗を管理するための時間計画と担当割が記載された業務計画書を作成し、周知します。

作業の分担や日程についての計画作成に、従業員が参加するミーティングを開催します。

各部門のメンバーや作業チームが、ときどき話し合う機会をもてるようにして、職場全体の作業手順を見直します。

2 具体的なすすめ方や作業順序について、少人数単位または作業担当者ごとに決定できる範囲を調整します

なぜ取り組むか（対策の意義）

少人数単位での裁量範囲増加の取り組みは、次の3つの点から重要です。まず、自らの仕事について、裁量権のないことや範囲が狭いことは、さまざまな病気を引き起こすストレス要因であることが分かっています。従業員の責任の及ぶ範囲で、裁量権を広げていくことは、このような仕事のストレスを減らすことに役立ちます。

そして、裁量権を持つ人（上司）のカバーする範囲の問題です。気を配らなければならない範囲が広すぎたり、上司が不在だったりするときに、物事や段取りが決まらないと仕事が滞ってしまいます。このような状況は、仕事の遅れや、それを補うために発生する長時間労働につながり、仕事のストレスを増加させます。サブリーダーやラインに近い従業員に裁量を任せることで、仕事がスムーズに運ぶ可能性があります。

また、部下の側からすると、裁量権を持つ上位者へ相談もしやすくなり、支援を受けやすくなるというメリットがあります。

どのように取り組むか（改善の具体的方法）

☐ 仕事のやり方をトップダウンで決めず、担当者を含めたミーティングで決めるようにします。

☐ 作業全体を見渡して、部署や小グループごとに任せてよい範囲を見直します。

☐ トラブルや生産計画の変更など、変化に細かく対応できるよう、小グループごとにサブリーダーを置いて権限を移譲します。

追加のヒント

○ 権限の委譲に限らず、作業の進行状況や課題を定期的に報告したり、相談できる時間を確保することも有効です。

○ 同様の改善は、作業場が分かれているような場合に応用できます。

○ プロジェクトごとに、裁量範囲を調整することも広く行われています。

作業全体を見渡して、小グループないし単位部署ごとに任せてよい範囲を話し合って決めます。

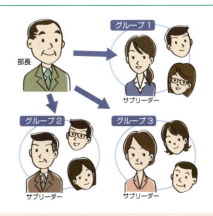

トラブルに細かく対応できるように小グループごとにサブリーダーを任命して権限を移譲します。

3 対応マニュアルの作成などで仕事を円滑に進めるために必要な情報を共有します

なぜ取り組むか
（対策の意義）

職場単位内での作業量の偏りは、その偏りが過大でも過少でも、偏っている個人への負荷は増大し、健康リスクを増加させるとともに、職場内、ひいては事業場全体おける不公平感のもととなります。特定の従業員やチームに過大な負荷がかかると、一時的にはその作業を進められるかもしれませんが、作業の全体のバランスが崩れるだけでなく、従業員個々は疲弊し、過度に心身の負担をかけることになります。「複数名で担当していた業務を一人で担当するようになる」など、仕事の責任や困難性が増加する状況は、心理的負荷のかかる仕事上の出来事として、労働災害認定の判断指針にもあげられています。また、組織が公平・公正に運営されないことも、職場のメンタルヘルスの危険因子であることが分かってきています。作業量の適切な平準化は、個人のリスク増加を予防するとともに、職場内の公平感を高めることに寄与します。

どのように取り組むか
（改善の具体的方法）

☐ 定期的にミーティングを行い、各自が担当している仕事の数や進行状況を報告し合うようにすると、それぞれの仕事量がチェックでき、調整がスムーズになります。

☐ 対応マニュアルの作成で作業内容や手順の標準化をはかり、特定の担当者だけに仕事が偏ることがないようにします。

☐ 大型の掲示板やホワイトボードを利用して、作業の配分と進行状況を「見える化」し、適切な業務配分を心がけます。

追加のヒント

○ 作業の「見える化」により、同僚の業務内容やその負担がわかり、助け合う雰囲気ができた、共通の話題が持てるようになったのでコミュニケーションが向上した、職場が以前よりも明るくなった、という事例も報告されています。

○ 平時から作業量を簡単に確認できたり、慣れない従業員でもマニュアルでの作業に対応できるようにして、作業が過度に集中しないようにします。

○ 業務のローテーションにより対応範囲の拡大に努めるとともに、必要に応じて、人員増ができるような体制を心がけます。

各自が担当している仕事の数や進行状況を報告しあって、仕事量を調整します。

平時から作業量を簡単に確認できるようにして、繁忙期に作業が過度に集中しないようにします。

4 スケジュール表や掲示板を活用し、全員に必要な情報が伝わるようにします

なぜ取り組むか（対策の意義）

必要な情報や説明が十分に提供され、仕事の見通しがつくことは、メンタルヘルスに好ましい職場環境の要因とされています。

作業の遂行にあたって、事業全体における位置付けなど、作業に関する情報をあらかじめ知っておくことは、計画の変更やトラブルの際にも迅速に対応することが可能となります。

反対に、事業場あるいは部課内の横の連携が薄いと、同一作業を各担当が行うなどの無駄な作業が多くなったり、各担当者の孤立感が深まったりします。職場で共有されるべき情報が全員に正しく伝わることは、疎外感をなくし、ストレスの少ない職場づくりに役立ちます。

従業員の健康や安全に関わる情報も、緊急性を伴うことがあり、必要十分な適切なタイミングで周知される仕組みづくりが求められます。

どのように取り組むか（改善の具体的方法）

- □朝の短時間ミーティングで情報交換をするようにします。
- □職場単位でイントラネットの掲示板を作り、管理職の得た情報の多くを従業員にも提供するようにします。
- □ホワイトボードや掲示板を活用して、職場の上司や同僚が、今日・今週はどのような仕事分担になっていて、出張などがあるかないかなどが、ひと目で分かるようなボードを作成します。
- □仕事の作業手順や危険情報について、職場の誰もが見やすい場所に掲示します。
- □各作業や仕事内容が、その作業に関連した従業員に伝わるように、ニュースレターや社内報、リーフレットなどを作ります。

追加のヒント

- ○掲示板やスケジュール表は、見やすい場所を定めて、必ず全員が見るように周知します。
- ○重要な情報や臨時のお知らせは、個別の配信方法も検討しておきます。従業員が常に利用しているもの（メールボックスやロッカーなど）を利用します。
- ○災害時など、万が一の時に備えて、緊急対応マニュアルの作成と連絡網を整備し、周知します。

職場内で、今日、今週の仕事分担や出張予定などが一目でわかるようなスケジュール表を掲出します。

各作業や仕事内容が、その作業に関連した従業員に伝わるように、ニュースレターや社内報などを作ります。

B．ON（仕事）・OFF（生活）のバランス

5 繁忙期やピーク時に備え、個人やチームに業務が集中しないよう前もって人員の見直しや業務量の調整をするようにします

なぜ取り組むか（対策の意義）

　日頃から繁忙時やピーク時の対策を考えていくことは非常に重要です。繁忙期やピーク時は通常の業務に加えて余分の負担がチーム全体にかかり、また特定の人に作業が集中しやすくもなります。前もって業務量の調整、効率的な手順を検討しておくようにすることが大事です。

　作業のピークの山が大きく、時間的にも切迫感のある場合は、個人の心身の負担も特に大きくなり、職場への不満のもとにもなります。こうした状態は、不測の事態が生じたときに、きちんと対応できないリスクが高く、事前に改善しておくべきです。前回の経験などを振り返り、繁忙期やピーク時にうまく処理できない作業・手続きを見直し、より効率のよい作業内容や体制、人員配置にしておくことがすすめられます。

　また、個人に仕事が偏らないように分担し合える作業内容に関しては、マニュアル化しておくことも役立ちます。業務への偏りを改善する工夫を話し合い、日頃から備えておくことが大切です。

どのように取り組むか（改善の具体的方法）

- □繁忙期やピーク時の作業方法を見直し、手間がかかったり非効率な点を話し合い改善します。
- □作業分担に偏りが生じる場合は、作業内容全体を検討して、業務量に応じて再配分します。
- □各チーム内でお互いに作業内容と進捗状況を確認しつつ、作業に取り組むようにします。
- □トラブル発生時の対応手順を定めておき、特定の個人だけが対応するのではなく、組織的に情報を共有しながら対応を行うようにルール化します。
- □繁忙期の処理ができる人が偏らないよう、マニュアルを作成して分担できるようにします。

追加のヒント

- ○繁忙期やピーク時に人手がどうしても足りないときは、応援の要請や人員増を検討します。
- ○お互いの仕事内容や状況を普段から把握できるよう、週単位などの作業分担をホワイトボードに書きだします。

作業分担や終了した業務は皆が共有できる場所に掲示し、お互いに進捗具合を把握します。

トラブル発生時の対応手順を明確にし、情報共有と対応を行うようルール化します。

6 ノー残業デーなどの活用により、残業時間を減らします

なぜ取り組むか
（対策の意義）

　労働時間が長くなると、それだけ疲労が重なり、勤務後も回復に時間がかかります。次の勤務までの時間も短くなるので、休養や睡眠が不足がちになります。長時間労働を繰り返すと、慢性疲労状態にもなり、心身の健康障害にかかるリスクも上昇します。日本の労働時間は先進国の中でも特に長いのですが、長時間労働は必ずしも生産性を向上させません。労働時間の目標値を定め、時間内に業務を終えるように職場内で工夫し合うことが必要です。月に100時間以上の残業をした人や、2ないし6ケ月間に月平均80時間以上の残業をした人に事業者は医師による面接を受けさせるよう法令で定められていますが、それは、長時間労働による健康障害がひろく問題となっているからです。ノー残業デーなど職場全体で残業時間を減らす努力をすることにより、健康と生産性の面から働き方を考えるきっかけとなります。同時に、作業手順や業務分担を見直して、労働時間の目標を達成するよう、職場全体でサポートしていくことが大切です。

どのように取り組むか
（改善の具体的方法）

☐不要な残業を続けないよう事業場の方針を明示し、明確な業務スケジュールを組みます。
☐1ケ月45時間以上の残業が続く場合などは、産業保健スタッフが面接し、また管理監督者への指導を行って、業務内容・分担の見直しなどの対応を図るようにします。
☐残業が恒常化している職場では、作業目標と進捗を確認し、日・週・月ごとに労働時間の目標値を設定します。
☐周囲の人が職場に残っていると帰りにくい雰囲気がある場合は、曜日などでノー残業デーを設定し、一斉に帰る日を設けます。

追加のヒント

○ノー残業デーを職場のみんなが守るように、朝礼などで定時に帰ることを確認し、残業が必要な場合は前もって申告するなどのルールを設けます。
○終業時に短く音楽を流したりして就業時間の終わりを告げ、上司は率先して帰宅し、職場全体で残業を行わないように心がけます。

B：ON（仕事）とOFF（休み）のバランス

業務計画を立て、残業が恒常化しないよう、上司は日頃から率先して残業を行わないように心がけます。

曜日などで一斉に帰るノー残業デーを設定し、それを前提に業務スケジュールを組みます。

7.職場ドックチェックシート各領域の解説　35

7 十分な休憩時間が確保できるようにします

なぜ取り組むか
（対策の意義）

　心身の疲労が蓄積しないようにするためにも、作業の効率をより高めるためにも、食事休みと途中の休憩時間の確保は重要です。深夜勤務など負担の大きい勤務につく場合は、勤務時間内の休憩時間に仮眠をとるなど、作業の安全性・正確性の確保に努めます。

　休憩時間を確保していても、仕事の持ち込みや電話対応などで十分に休憩がとれていないことも多くあります。休憩時間には、確実に仕事から離れて心身を休める時間と場所を確保します。業務の進行中であっても交替するなどして適度な休憩がとれるように、スケジュールの中に組み込むなどして、勤務体制の見直しを行い、過重な負担が恒常化しないように心がけます。

どのように取り組むか
（改善の具体的方法）

- □作業中に適度な休息が取れるよう、一日のスケジュールの中に休憩時間を定め、仕事にメリハリをつけるよう計画します。
- □休憩室を確保し、また勤務時間内に適度な休憩がとれるように給湯設備や個人ロッカーなどを確保します。
- □昼休みの来客対応時、休憩中の従業員がお客様の視界に入らないようにパーティションなどを活用して、リラックスできるようにします。
- □休憩時間中の電話対応など、仕事の持ち込みがないように休憩時間を少しずらして対応するなどの工夫を行います。

追加のヒント

- ○休憩時間のタイミングをつくるため、午前と午後に1回ずつコーヒーブレークの時間を設けるなど、職場のルールとして休憩時間を設定します。
- ○休憩中に起こり得るトラブルや緊急対応が必要な場合の対応の方針を明確にし、特定の個人でなく、組織的に情報共有とすぐの対応を行えるようにルールを定めておきます。
- ○休憩時間に十分な休養がとれるように、どういう設備改善がのぞましいか、相談します。

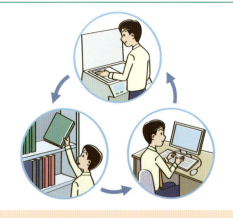

食事休憩以外に、休憩時間を定め、仕事にメリハリをつけるように、計画します。

休憩時間のタイミングをつくるため、午前と午後に1回ずつコーヒーブレークの時間を設けるなど、職場のルールとして休憩時間を設定します。

8 休日と休暇が確保できるよう計画的に、また、必要に応じて取れるようにします

なぜ取り組むか（対策の意義）

休日と休暇は、心身の負担を解消し、また家族や友人など私生活のつながりを充実させるのに必要不可欠な要素です。また、連続したまとまりのある休暇は日頃できなかった趣味や旅行、自身のスキルアップなど、より豊かな生活設計に不可欠です。適切に休暇をとるためには個人の心がけだけでは難しい事も多く、組織全体としての取り組みが必要となります。

年次有給休暇をフルにとるように、方針を明確にします。年度初めに有給休暇をとる時期を組織全体で決め、休暇を前提として業務計画を作成するようにします。また休暇時の業務分担の調整やマニュアルを日ごろから作成し、急な休暇申請にも対応できる基盤を作っておきます。

どのように取り組むか（改善の具体的方法）

- □職場のみんなが休日に休めるように、年間の業務計画を定めます。休日が取れなかった場合は、代休をきちんととるようします。
- □仕事量が多すぎるために休日がとりにくい場合は、職場内または他部門間での作業分担の見直しや他部門からの応援要請をするなどの対応をとります。
- □職場単位で休暇の取得計画を決め、その計画にあわせて業務スケジュールを組むようにします。勤務調整が必要な場合の申し出先、調整のルールをあらかじめ決めておきます。
- □休暇計画がお互いにわかるように休暇取得計画表などを作成し、期限を決めて記入を促し、共有します。

追加のヒント

- ○休暇を取得しやすくするためには、管理監督者が率先して休暇を取ることが大切です。
- ○四半期ごとに年次有給休暇やリフレッシュ休暇の取得目標を定め、毎月のミーティングの場などで進捗を確認します。
- ○休暇中の人の仕事が他の人にも分かるよう、申し送りノートなどを活用します。

B：ON（仕事）とOFF（休み）のバランス

休暇中の人の仕事が滞らないよう、作業マニュアル、申し送りノートなどを活用します。

職場単位で休暇の取得計画を決め、それに合わせてスケジュールを組むようにします。

C. 仕事のしやすさ

9 各自の作業スペース、作業姿勢等を見直して、仕事をしやすくします

なぜ取り組むか
（対策の意義）

　各自の作業スペースは、準備から主作業、同僚や外部とのコミュニケーション、記録、メンテナンス、片付けなど、さまざまな作業課題をこなす場所です。こうした作業課題を行いやすく、機器を操作したり、物品を取り出しやすいように工夫してある作業場所は、作業効率を高めるのに役立ち、疲労の蓄積を防ぎます。

　とくに、手作業を行う作業面の高さが正しい高さにあれば、自然な作業姿勢になり、作業が容易に行われ、腕の疲れや肩のこり、腰痛を防ぎます。よく使う機器や物品がその作業姿勢でとどき易い範囲にあることも大事です。無理な作業姿勢のまま作業を継続したり、反復操作を行うと、頸肩腕部や腰部に負担がかかりやすくなります。無理な姿勢を避けるように作業スペースを配置し、また立位と座位を交互にとるようにすれば、ストレスを少なくし疲労を減らします。

　毎日その作業を行っている労働者以上に、その作業について知っている人はいません。当の本人のストレスを改善する方法について、最適な情報源です。話し合って作業場所を改善すると、働きやすくなることは確実です。

どのように取り組むか
（改善の具体的方法）

☐作業面の高さをひじの高さか、やや下方にします。高さ調節のできる椅子を活用します。
☐立位作業で力を加える場合は、作業面はひじより少し下の、力を出しやすい高さにします。
☐機器や個人用コンピュータを設置する台は、高さなどを調節できるようにするか、個人の手作業の位置に合わせて高さを調節して設置します。
☐頻繁に使う機器操作部、工具、物品は、手のとどきやすい範囲内におきます。
☐立位作業が主体の場合、可能な限り座位を交互に取れるように、椅子を提供します。

追加のヒント

○必要に応じて、サイドテーブル、ラックや近くの作業スタンドを活用します。
○労働者が作業台・椅子や機器・物品配置を決めるのに参加できるようにします。
○インターネット環境の整備などを進め、労働者がスムーズに仕事ができる環境を整えます。

作業に合わせた作業台を設置し、作業面の高さをひじの高さあたりにします。

可動式サイドテーブルなどを活用して、仕事がしやすい作業スペースにします。

10 職場全体の机、キャビネット、書架等のレイアウトや動線を見直して仕事をしやすくします

なぜ取り組むか
（対策の意義）

　作業の流れの中で、物の保管と運搬は、最も基本となる作業場面です。物品の保管と取り出し、運搬には時間がかかり、移動に関連したケガや腰痛なども多くみられます。一時的な保管の物品や、長期間置き放しになっている物品もあります。保管と移動がスムーズでなければ、時間や労力がかかります。物品が必要なときにすぐに安全に取り出せるように、楽に運搬できるようにすることは、心身のストレスを減らすためにも要です。

　多段の棚を設けることで、スペースの有効活用ができ、また台車や移動ラックなどで運搬が楽になります。運搬用通路にマークをつけ、レイアウトをはっきりさせることは、単純ですが効率的な方法です。また、適切な表示やラベルを付けることで、物品の取り出しが容易になります。

どのように取り組むか
（改善の具体的方法）

- □ 資材や物品を動かす必要が最小ですむよう、作業区域のレイアウトを改善します。
- □ 作業場所のそばの垂直空間を有効に利用し、多段の保管場所をつくります。
- □ 小分けできるような小区分容器を活用して、分別保管します。
- □ 運搬用通路にマークをつけ、重量物運搬に台車を活用し、リフトやローラーの活用を検討します。
- □ 資格物の大きさ、形、重さを考慮した保管場所を工夫します。重いものは低い位置に、普段ほとんど利用しないものは、捨てるか、別の場所に保管します。

追加のヒント

- ○ 物品カートや台車の保管場所を決めて、安全通路を確保します。
- ○ 不用品は廃棄期日を決めた赤ラベルを貼り、それまでに利用されなければ、捨てます。
- ○ 物品や書類の所在がみんなにわかるように、保管棚にマークをつけ、配置図を作成します。
- ○ 共通ファイル、共用フォルダー、ボックスなどを活用して、保管文書や書類を少なくします。
- ○ 保管棚、キャビネットなどが地震で倒れないように、確実に固定します。

C：仕事のしやすさ

すぐそばの垂直空間を有効に利用し、多段の保管場所を作ります。地震対策にも気を配ります。

物品の移動には、手押しカートや台車など車輪のついた装置、ローラー等を活用します。

11 書類や物品等の保管方法を見直して、必要なときに必要なものを、誰もがすぐ取り出せるようにします

なぜ取り組むか
（対策の意義）

　書類や物品の保管では、必要なときに、すぐに保管場所が特定でき、また取り出しやすくなってないと、見つけて取り出すまでに思わぬ時間がかかってしまいがちです。また、頻回に取り出すものと、まれにしか使わないものとが分別しやすくなってないと、無駄な労力が使われてしまうことがよくあります。必要なときに、必要なものがすぐ取り出せるようにする秩序だった保管区分と、見分けやすいラベルや標識が大いに役立ちます。

　保管場所がすぐ特定できるためには、保管区分がわかりやすく、書類や物品の種類別に読みやすいラベルや標識が系統だって表示されていることが大事です。

　作業場で用いるラベルと標識表示を誤って読み取ると、きわめて重大な結果をもたらすこともありえます。表示を迅速に識別しなくてはならない事態も起こりえます。そのため、ラベルと標識は、秩序だった保管区分により迅速に読み取ることができるよう、わかりやすくあるべきです。

どのように取り組むか
（改善の具体的方法）

- □書類や物品の保管場所は、みんなにわかりやすく区分されているようにします。普段かかわりのない人にもすぐ理解でき場所を特定しやすいように区分します。
- □小会議などで、書類や物品の保管方法をよく話しあって確認し合います。そうすることで、誤った保管・取り出しによるトラブルを防ぎます。
- □書類、物品の区分にしたがって、その作業場所の人たちが容易に識別できるラベル、標識を付けます。すぐそばでなくても間違いなく読み取れるように、十分な大きさにします。
- □不必要な情報で混乱しないように、使用されていない書類・物品は取り除くか、別に区分して保管しておきます。

追加のヒント

- ○似たラベルや標識で、間違ったものを取り出すことのないように、色分けなどで工夫します。
- ○どのラベル、どの標識がどの書類や物品に対応しているか明確であるように、すぐ上、すぐ下、あるいは側面に、互いに混同しないように表示します。
- ○特に頻回に使う書類や物品は、色、大きさに関して異なっていて、目立つようにします。

小会議などで、保管方法を確認しあいます。そうすることで、余分なトラブルを防ぎます。

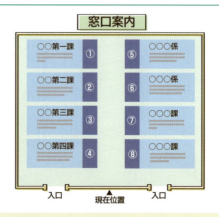

ラベルや標識はその作業場所の人々が容易に識別できるものに限り、使用します。

12 安心して仕事ができるよう、ミスや事故を防ぐための工夫をします

なぜ取り組むか
（対策の意義）

人間は誰でもミスをします。思いがけず偶発的なスイッチのオン・オフや作業ミスなどにより、作業の停滞や重篤な事故、大きな損害が起こる可能性があります。緊急事態は非常に大きなストレスになります。熟練者でも、ミスをおかすことがあります。多面に災害防止の対策をとることで、ミスの発生率を下げ、被害を最小限にすることが可能です。

「不注意」は結果であって原因ではありません。作業ミスや災害を防止するための予防施策が十分でなかったための結果ですから、不注意がいけなかったとするのではなく、安心して仕事できるようにしっかりした予防策を、よく話し合って多面的に講じるように努めます。スイッチであれば、区分されていて識別しやすく偶発的なオン・オフが防止されるようになっていれば、作業者はより安全だと実感して、作業に適切に集中できます。一般の作業ミス防止も同じです。

作業ミス防止のためには、作業手順の統一やマニュアル作成、分かりやすい区分法、誤操作防止のためのフェールセーフ対策の導入、ミス防止に協力し合って作業する訓練などが重要です。

どのように取り組むか
（改善の具体的方法）

☐ 作業の誤りや作業連携の不備、十分に識別できなかったためのミスなどをなくすために、作業手順を標準化して、マニュアルとしてまとめます。

☐ 作業対象や作業行為の識別の誤判断、とっさの作業ミスを防止するためのチェック方法を、その現場の関係者が中心となって、作業する人が容易に分かる表現で決めておきます。

☐ 偶然によるオン・オフが起こる可能性が高い操作具は覆いをつけるか「囲い」に入れます。

☐ 緊急時の正しい操作、避難が迅速に行われるように、緊急時マニュアルを作り、訓練します。

追加のヒント

○ 機器、手もち工具の動力部や危険個所には、ガードをつけます。
○ 識別しやすく見やすいラベル表示などで工夫します。
○ フェールセーフのシステムを導入します。
○ 作業ミス防止のために、職場における容易なコミュニケーションと相互支援をための手段についての話し合いの機会をもちます。

C：仕事のしやすさ

作業ミス防止のための手順を、現場の労働者が中心となって、労働者の言葉で作成します。

緊急時の正しい操作、避難が迅速に行われるように、緊急時計画を確立します。

D. 執務室内環境の整備

13 快適で衛生的なトイレ、更衣室とくつろげる休養室を確保します

なぜ取り組むか
（対策の意義）

　職場のトイレや洗面所は、その職場を表す鏡ともいわれています。トイレ、洗面所といった衛生設備と食事や休憩のための設備は、一見、仕事と直接は関係ないように思えるかもしれませんが、これらの環境を整えることは、一日の大半の時間を過ごす職場でのひとときを快適に送ることができるかを決定します。快適で衛生的なトイレや洗面所は、従業員にとっての良い職場環境の理由として大きなウェイトを占めます。また、妊娠している女性や腰痛や膝痛をもつ従業員は和式便座が利用しにくいことがありますので、温水洗浄便座を備えた洋式トイレ、さらには障害をもった従業員が利用できるバリアフリーのトイレがあると良いでしょう。

　食事をとるための空間と休憩室の確保は、従業員の疲労防止や健康維持のために大いに役立ちます。事務職場の場合、自席で昼食休憩をとる場合も多いですが、気分をリフレッシュする意味でも食事をとったり、休憩したりするためのスペースを確保することが重要です。そして、職場の同僚と楽しく食事や休憩できる場所があると、職場の雰囲気もなごみ、コミュニケーションも促進されます。私物やコートを置くための個別のロッカーや更衣室を備えることで、プライバシーの確保、作業場所周辺の整理整頓が進みます。

どのように取り組むか
（改善の具体的方法）

□快適で衛生的なトイレ、洗面所を備え、よくメンテナンスします。
□洗面所、トイレ、ロッカーや更衣室の数が足りているか、場所の利便性について、確認します。
□休憩時間にくつろげるスペース、飲料設備を備えます。
□みんなが快適にすごせるように、会議室や研修施設を充実させます。

追加のヒント

○花や植物、絵などを飾り、職場の雰囲気を良くします。
○休憩時間に空いている会議室や談話室を従業員の休憩場所として開放します。
○会議室や研修室はその利用方法について周知し、管理します。

快適で衛生的なトイレ、洗面所を備え、よくメンテナンスします。

休憩時間にくつろげる休憩スペース、飲料設備を備えます。

14 冷暖房設備などの空調環境、照明などの視環境、音環境などを整え、快適なものにします

なぜ取り組むか（対策の意義）

職場の暑さや寒さ、明るさ暗さなどの物理的な環境は、従業員が仕事をする上で快適にその場所で過ごすことができるかを決定する重要な要素となるだけでなく、パフォーマンスや生産性にも影響を及ぼします。近年、省エネのためにオフィス内の冷暖房の使用制限や照明の間引きなどが推進されていますが、過度の対応は従業員のモチベーションの低下、作業ミスの増加を招くことになります。快適な温湿度、照度を保つためには、自然の風や光を活用することも大切です。

また、コピー機や裁断機など大きな音が発生する機械は、その周辺の人々のスムーズなコミュニケーションを阻害します。低音量であったとしても持続的にその音にさらされると集中力が散漫になったり、イライラしたりと作業効率に影響が出る場合もあります。低音量であったとしても、それが職場のコミュニケーションの阻害要因になっていないか、イラつきの原因になっていないかを確かめることが重要です。

どのように取り組むか（改善の具体的方法）

- ☐ 冷暖房機器の温度設定について職場内のルールを決めます。
- ☐ 冷暖房設備や設定が十分か、従業員に聞き、必要に応じて設備を導入します。
- ☐ 自然光と人工照明を組み合わせ、壁や天井も明るい色を選び、快適な明るさを保ちます。
- ☐ 作業の性質を考えて、十分な照明を装備します。例えば、精密作業（小さめの文字や物体を見る）にはより多くの照明が必要です。
- ☐ 騒音発生源がないか確認し、騒音発生源にはカバーしたり囲ったりして、騒音を減らします。

追加のヒント

- ○ 自然の風を取り入れたり、隙間風を防ぐための断熱材やカーテンを使用し、温度を快適に調整します。
- ○ コピー機やシュレッダー等の騒音が発生する機器の配置を変更します。
- ○ 机や細かい作業を行う作業場所に手元のライトを導入します。

壁や天井は明るい色を選び、明るい雰囲気にします。自然光を取り入れ、人工照明との組み合わせで十分な明るさを保ちます。

シュレッダーなど騒音源になる機器は囲ったり、作業場所とは別の場所に移動することで騒音を減らします。

15 職場における受動喫煙防止対策をすすめます

なぜ取り組むか（対策の意義）

喫煙が健康におよぼす影響については、科学的に明らかになっています。自らタバコを吸わないのに他人のタバコの煙にさらされ、吸ってしまうことを「受動喫煙」と呼びます。受動喫煙は様々な健康被害を引き起こすこともよく知られています。

健康増進法では、受動喫煙の防止が明確に提示されているので、職場を含めた公共の場では禁煙・分煙対策を進めていく必要があります。職場は喫煙者と非喫煙者が共存する場所ですが、受動喫煙防止対策は互いの権利の主張で両者の対立がおこる可能性もあります。不必要なストレスを増やさないためにも、受動喫煙防止策を適切に講じることが大切です。

どのように取り組むか（改善の具体的方法）

☐ 職場の受動喫煙防止ルールを、「職場における受動喫煙防止ガイドライン」に沿ってとり決めます。

☐ 受動喫煙防止対策は、事業者からの方針表明と安全衛生委員会などの討議のもと、すすめます。

☐ 受動喫煙対策には職場の理解を得る必要があります。事業者、産業保健スタッフ、安全衛生委員会など関係者が役割分担をしながら、対策を推進します。

☐ 喫煙対策の基本は全面禁煙・空間分煙です。そのため、職場は禁煙とします。全面禁煙にできない場合は、受動喫煙防止策として、換気の整備された喫煙スペースを屋外に確保します。

追加のヒント

○ 受動喫煙防止に関する正しい情報を職員に周知します。

○ 喫煙場所の環境についても確認します。（屋内の喫煙場所が子どものよく利用する場所であったり、空間分煙をしていても副流煙が職場内に漏れていないかなど）

○ 受動喫煙防止のルールが守られているかを定期的に確認します。現在のルールが職場に即したものになるよう必要に応じて見直しをします。

○ 喫煙者への禁煙指導を、産業保健スタッフや医療機関と連携して進めます。

喫煙対策の基本は全面禁煙・空間分煙のため、職場内は禁煙にします。

産業保健スタッフや医療機関と連携して喫煙者の禁煙支援をすすめます。

16 災害発生時や火災などの緊急時に対応できるよう、通路の確保や必要な訓練を行うなど、日ごろから準備を整えておきます

なぜ取り組むか（対策の意義）

地震などの自然災害や事故・災害といった緊急事態は、発生が予測できるわけではないので、いつ起きても適切に対応できるようあらかじめ準備することが重要です。緊急時事態への対応が整っている職場は、二次的な災害の発生が防止できるので、安心して働くことできる職場といえます。

職場全体としては、緊急事態が発生した場合にも事業継続が図れるようにする「事業継続計画（BCP）」を作成しておく必要があります。また、万が一、事故やケガが起こったときの対処方法がしっかりしていれば、被害の影響を少なくできるかもしれません。そのため、緊急事態の対処法について、職場で定めたマニュアルに従って訓練をすることも重要です。

とくに、従業員の自殺が起こった際には、迅速に自殺防止対策を検討・実施し、二次的な災害の発生を防止できます。緊急事態の発生のあとには、心的外傷症候群とよばれる強いストレスが当事者や居合わせた人に発生する可能性があり、職場としての対応が心のケアを含めて必要になります。

どのように取り組むか（改善の具体的方法）

□地震・災害・感染症など、緊急時の事業継続計画を策定します。従業員への被害と、企業の被害を最小限にする対策を事前に検討します。

□職場における自殺防止対策を作成し、緊急時の対応計画、緊急時の心のケア体制について事前に決めておきます。

□地震や災害発生時にとるべき行動を職場のグループ討議によって確認し、マニュアルや手順書として作成します。これらのマニュアルを職場の所定の場所に設置します。

□救急箱を備え、すぐに利用できる状態で所定の場所に置かれていることを確かめます。

追加のヒント

○緊急時の事業継続計画の作成の担当部門と担当者を決めます。安全衛生委員会との連携方法を検討します。

○避難経路、避難手順をすべての従業員に周知します。

○応急手当に従事する従業員の訓練を定期的に実施します。避難訓練も必要に応じて実施します。

○職場で発生した事故や災害後、心のケア体制についてあらかじめ検討しておきます。

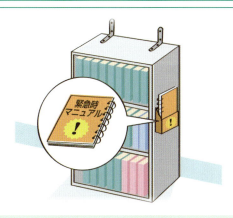

地震や災害発生時にとるべき行動を職場のグループ討議によって確認し、マニュアルや手順書として作成します。

地震・災害・感染症発生など、緊急時の事業継続計画を策定し、周知します。

E．職場内の相互支援

17 必要な時に上司に相談したり支援を求めたりしやすいよう、コミュニケーションをとりやすい環境を整備します。

なぜ取り組むか（対策の意義）

　職場で仕事をスムーズに進めていくにあたっては、普段から上司を含めての良いコミュニケーションがとれていて、お互いの知識や経験を生かしていく雰囲気のあることが欠かせません。特に上司は仕事の配分や進め方について多くの裁量権を持っていて，問題解決の豊富な経験を持っているので、上司に相談しやすい職場は、効率よく働ける職場になっているものです。

　また、上司からの支援を求めやすければ、それだけ問題の発生を未然に防ぐことができます。問題が発生した場合にも、解決が長引くためにかかる余分なストレスを最小限に留めてくれます。

　上司に相談したり、適切な支援を受けるための機会や仕組みをつくっておくことが、職場内のメンタルヘルスの向上にとても重要です。

どのように取り組むか（改善の具体的方法）

- ☐ 定期的な短時間のミーティングを設定して、各自の仕事内容や仕事量を上司が把握し、助言できるようにします。
- ☐ 上司と個別に面談できる機会を設け、仕事の進め方や健康状態について相談しやすくします。
- ☐ 上司に相談しやすいように職場のレイアウトを工夫します。
- ☐ 気軽に上司を含めた業務の打ち合わせができるよう、ミーティング場所を設けます。
- ☐ 上司が多忙な場合、サブリーダーを設置して相談できる機会を増やします。
- ☐ 定期的な見回りを励行したり、上司に相談してよい在席時間を設けることなどで、気軽に相談しやすい環境を整えます。

追加のヒント

- ○ 日ごろから部下に対してねぎらいや感謝の言葉を積極的に伝えるようにします。
- ○ 仕事に対する評価基準を文書で示すなどで明確にし、必要に応じて助言するようにします。
- ○ ミーティングの時間を設定することが難しい場合には、メールなどで仕事の進捗状況を報告しあうことも有効です。

定期的な短時間のミーティングを設定して、各自の仕事内容や仕事量を上司が把握できるようにします。

同じ職場のメンバーの内、一部が離れた部屋で働いている場合は、上司が定期的にこのグループから仕事の状況を聞き取る機会を作ります。

18 同僚に相談でき、コミュニケーションがとりやすい環境を整備します

なぜ取り組むか
（対策の意義）

　気軽に同僚に相談でき、仕事に関係した情報を交換し合い、十分にコミュニケーションをとることが、仕事をスムーズに進める上でとても大切です。そのためには、普段から同僚間で良い人間関係と助言し合える雰囲気が保てるよう、お互いに心がけることが必要です。

　また、仕事で困った時にも、同僚に相談でき、適切な支援を受けることができれば、それだけ問題解決が早くできるようになり、働きやすい環境になります。

　同僚に相談を持ちかけたり適切な支援を受けるための機会や仕組みをつくっておくことが、コミュニケーションがとりやすい環境を整えておくことに大いに役立ちます。

どのように取り組むか
（改善の具体的方法）

□すべての従業員が参加して朝の短時間ミーティングをもち、その日の作業計画をお互いに確認し、疑問点があれば明らかにしておきます。

□見やすい位置に置いた掲示板やホワイトボードを利用して、誰がどの作業をやっているか「見える化」を行い、同僚の業務内容がわかり、必要な場合にサポートしやすい環境を整えます。

□社内報、日報、メーリングリスト、インターネット・イントラネットの共通フォルダーや掲示板などを活用して重要な情報を共有します。

□同僚同士で打ち合わせや相談ができるように、小テーブルや椅子を備えておきます。

□メンター制度、サポーター制度などを導入し、職場の同僚間で仕事や生活について相談しやすい仕組みをつくります。

追加のヒント

○元気のよいあいさつや、目線を合わせた声かけなどで、日ごろからうちとけた交流が図れるよう努めます。

○職場のメンバーが仕事の上で交流しやすいように、職場のレイアウトを工夫します。

○職場全体のミーティングだけでなく、作業グループごとの短時間ミーティングも定期的に実施し、同僚間の情報交換を行います。

○チーム内の作業を分担し合えるように、ローテーションを組んで、互いに代わりを勤められるようにします。

E：職場内の相互支援

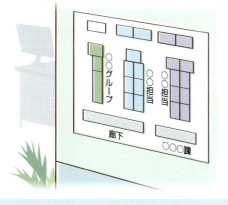

誰がどの業務を担当しているか記載した座席表を掲示し、作業の「見える化」を行い、相互にサポートしやすい環境を整えます。

社内報、メーリングリスト、インターネット・イントラネットなどの掲示板を活用して重要な情報を共有化します。

19 職員同士がお互いを理解し、支え合い、助け合う雰囲気が生まれるよう懇談の場を設けたり、勉強会等の機会を持つなど、相互支援を推進します

なぜ取り組むか（対策の意義）

普段からグループやチームのメンバー同士で、日常の仕事以外でも情報を交換したり、話し合う機会をもって、良い人間関係を持つようにすると、仕事がよりスムーズに進められます。

チームのメンバーどうしでお互いに信頼し合い、理解し合う機会が多いほど、互いの立場や条件を尊重し合って、支え合い助け合える雰囲気が醸成されます。そのため、トラブルの発生を未然に防ぐことができ、またトラブルが発生してもお互いにサポートしながら処理にあたることができるため，メンタルヘルスの悪化を防ぐことができます。仕事を離れて話し合う懇談の場や勉強会、さらにリクリエーションや飲食などインフォーマルな交流の機会を企画するとよいでしょう。

良いチームワークづくりには、インフォーマルな場面を含めて、相互理解のための機会や、コミュニケーションを増やすための環境を整えることが大切です。

どのように取り組むか（改善の具体的方法）

- □チームワークづくりに役立つ勉強会や仕事以外のテーマの研修会などを設けます。
- □チーム内のメンバーで懇談の場を設け、お互いを理解するための機会を増やします。
- □職場の有志で相談して、レクリエーションや懇親の機会を企画し、自主的に運営します。
- □年次有給休暇をフルに取得できるように奨励し、必要なら業務計画を調整します。
- □年次有給休暇や休みの取得の予定をお互いに知らせ合い、相互がサポートし合える体制を整えます。

追加のヒント

- ○仕事以外で共有したい情報を、見やすい場所を定めて、全員に見てもらうよう掲出します。
- ○個人情報に配慮しながら、支障のない範囲で休暇予定や私生活を含む個人スケジュールを職場共有のスケジュールボードに、数ヶ月先まで記入するようにします。
- ○レクリエーション活動などインフォーマルな場面の情報を、適切な範囲で社内報やイントラネット、掲示板などで共有できるようにします。
- ○メンバーの家族を含めた懇親の場も、メンバー相互の理解を深めるうえで役立ちます。

E：職場内の相互支援

チームワークづくりをすすめるために、メンバーの関心に応える勉強会や研修の場を企画します。

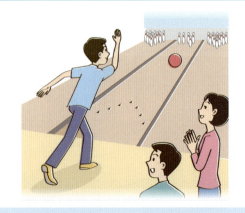

メンバーで懇親の場を設け、お互いを理解するための機会を増やします。

20 職場間の連絡調整で相互支援を推進します

なぜ取り組むか
（対策の意義）

　働きやすい職場環境づくりには、それぞれの職場内の相互支援だけでなく、異なった職場間の柔軟な相互支援を促進することも重要です。職場間の効果的な支援には、お互いの業務の進行状況やそのときどきに起こる問題点についての情報が共有され、自主的に支援する雰囲気が形成されていることが必要であり、支援体制がすすめば、事業場や組織全体のよい環境づくりにも役立ちます。ある職場での問題点解決の経験が別の職場でも活かされやすくなります。

　職場間の相互支援にとって大切なことは、各職場でどんな仕事を行っているか、困難な場面や時期がどう生じているかを理解し、お互いの仕事を尊重し合うことです。共有できる情報や仕事の進行ぶりについて日常良いコミュニケーションを図っていることが基盤として大切です。

　異なる職場の仕事をチーム内のそれぞれのメンバーが理解するための機会や仕組みを作り、相互交流するための機会を設けることによって、職場間の相互支援は促進されます。

どのように取り組むか
（改善の具体的方法）

- ☐ 事業場や組織のトップは、各職場の仕事内容の概略とその重要性を、すべてのメンバーが認識できるようにします。
- ☐ 職場間の定期的なミーティングを通じて、事業場の活動全体の中で、各職場の業務の位置づけ、進行状況が常に明確になるようにします。
- ☐ 職場間で支援できる機会があれば、すすんで支援体制を組んだり経験交流するよう奨励します。
- ☐ 職場間の各種の会議や定期的な連絡を通じて、重要な情報を相互に共有できるようにします。
- ☐ インターネットやイントラネットの掲示板、広報紙、メーリングリストなどで、職場間で重要な情報を共有できるようにします。

追加のヒント

- ○広報誌やイントラネット、インターネットなどを通じて、各職場の仕事内容やメンバーに順を追って紹介することにより、職場間の相互理解が進むようにします。
- ○職場対抗スポーツ大会、合同の懇親の場などの機会を持つことにより、他の職場との相互理解を深め、支援しあえる雰囲気づくりを促進します。

E：職場内の相互支援

職場間の定期的ミーティングにより、事業場の活動全体の中で各職場の業務の位置づけと進行状況が常に明確になるようにします。

職場対抗スポーツ大会などの機会を持つことも他の職場との相互理解を深め、支援しあえる雰囲気をつくるのに役立ちます。

F. 安心できる職場のしくみ

21 こころの健康や悩み、ストレス、あるいは職場内の人間関係などについて、気がねなく相談できる窓口または体制を確保します

なぜ取り組むか （対策の意義）	職場の人間関係やハラスメントなど、働くことに関連した悩みや不安は多岐にわたります。また、仕事以外の悩み（病気、借金、親の介護、家庭内不和など）であっても仕事に影響が出ることもあります。 　従業員が安心して働くことができるように、心配事や悩み事があるときには、気兼ねなく相談できる体制が職場に整備されていることが重要です。その際、相談内容や個人情報が適切に取り扱われ、個人のプライバシーが守られていることが保障されると、安心感につながります。何か相談したいことがあるときに、いつ、どこへ、どのように連絡を取ればよいか、すぐに誰もが分かる方法で明示しておく必要があります。相談窓口が開設されている日時や連絡先、相談方法など、掲示板や電子メールなどで定期的に従業員に周知されていると良いでしょう。
どのように 取り組むか （改善の 具体的方法）	□仕事上の悩み、不安や職場の人間関係などについて、相談できる窓口を設置します。 □相談窓口では相談者のプライバシーが守られることを明示しておきます。 □相談方法、連絡方法、相談を受け付ける時間帯など、従業員全員に周知しておきます。 □社内のこころの相談窓口、ハラスメントやいじめなどの相談窓口を設置し、周知します。
追加のヒント	○分散事業場など、それぞれの支局に分かれて仕事をしている職場では、電子メールや電話でも相談ができるようにその手順を定め、周知します。 ○必要に応じて、社外の相談窓口につないでいくことができるネットワークを整備するようにします

心の健康や悩みや不安、職場の人間関係などについて気がねなく相談できる窓口を設置します。

健康づくりに役立つ情報を適時提供し、相談先についても合わせて周知します。

22 ストレスへの気づきや上手な対処法など、セルフケア（自己健康管理）について学ぶ機会を設けます

なぜ取り組むか（対策の意義）

メンタルヘルス一次予防策をすすめる上で、個人のストレスへの対処能力を高めたり、ストレス状態にいち早く気づくことができるようなセルフケアの方法について正しい知識を持っておくことが重要です。

セルフケアについて学ぶ機会を設けることで、心の健康に対して正しく認識し、より理解を深めることができます。セルフケアの方法については、ストレス要因に対する対処方法やとらえ方、考え方の工夫を身につける「認知行動的技法」と、ストレス反応に対する「リラクゼーション方法」などを組み合わせていくことが効果的です。

従業員一人一人が自身のストレスに気づき、ストレスへの上手な対処方法を身につけることで、自身の心の健康について早期に対応できるようになるだけでなく、周囲の人々の心の健康について理解を深めることが期待できます。

どのように取り組むか（改善の具体的方法）

- □ セルフケアやリラクゼーションに役立つ情報を提供します。
- □ セルフケアに関する研修会等を定期的に開催し、ストレスへの気づき、ストレスへの上手な対処法などについて学ぶことのできる機会を設けます。
- □ 健康診断や保健指導の機会を使って、ストレスへの気づきなどセルフケアについての情報提供を行います。

追加のヒント

- ○ 研修では情報提供だけでなく実技や演習、グループワークを取り入れることでより受講者の関心を高め、具体的な実践や行動に結び付けることができるようにします。
- ○ 職場や従業員の特徴や状況に応じて、集合教育や個別教育などの方法を選択します。
- ○ ホームページや電子メール、メーリングリストなどで定期的にセルフケアに関する情報を提供し、いつでも従業員がその情報にアクセスできるようにします。

セルフケアについての教育・研修等を実施し、ストレスへの気づき、ストレスへの上手な対処法などについて学ぶことのできる機会を設けます。

セルフケアやリラクセーションに役立つ情報を容易に入手できるかたちで共有します。

23 業務に必要な研修やスキルアップの機会を確保するようにします

なぜ取り組むか
（対策の意義）

　仕事に関連した知識や技術を身につけ、キャリア向上を図ることは自身のモチベーションを高めることに役立ちます。このようなキャリア向上に向けた、資格取得の機会や研修会に参加する機会が明確に示されており、組織としてこれらの機会への参加を積極的に促すことで、個人の満足感や公平性を強めることにもつながります。

　この職場で働くことで自分の能力が発揮でき、また、さまざまな知識や技術を身につけてキャリア向上につなげることができれば、魅力ある職場づくりにつながり、魅力ある人材が集まってくるでしょう。自分に適した仕事や自身のもつスキルを活用できる作業に従事することで、多少のストレス要因があっても、心の健康状態は維持することができます。

　従業員一人ひとりが自身の目標を明確にし、職業人として自分がどのような方向に進むべきかを決めるためには、日ごろから仕事の目標や作業の位置づけを共有し、確認することも大切です。ただ、資格取得の情報を提供するだけでなく、一人ひとりに合わせたキャリア開発の過程の中で、必要とする情報を取捨選択することも必要となります。

どのように取り組むか
（改善の具体的方法）

☐ キャリア開発のための資格取得機会の有無や時期が明示されており、従業員に十分な周知がされているようにします。

☐ 資格取得や研修会参加の機会は、すべての従業員に公平にチャンスが与えられることが、伝えられているようにします。

追加のヒント

○ 個人の目標や目指す方向性を明らかにできるように、日ごろから仕事の目標や作業の位置づけなどについて確認し、理解しておくようにします。

○ キャリア開発や資格取得などについて、透明性・公平性をもって伝えられているか、必要に応じて、直接対話を持ち、納得感が得られているか確認をしてもよいでしょう。

○ キャリア開発や資格取得などの機会に変更があった際には、その理由やプロセスなども含め、公平性が十分に伝わるように留意しましょう。

キャリア開発のための資格取得の機会が明確にされ、皆に十分に周知されているようにします。

教育、研修等の機会は、公平にチャンスが与えられることが、確実に伝えられているようにします。

24 救急措置や緊急時の連絡・相談の手順を全員が理解できるようにします

なぜ取り組むか
（対策の意義）

突発的な事故や緊急事態が起こった場合に、救急措置や緊急時の心のケアが受けられるような体制を整えておくことも、大切な視点となります。緊急時に、どのような連絡手段・方法・経路で情報を伝達していくのか、誰に報告・相談するのかなど、その場になると冷静な判断ができずに現場が混乱してしまい、思わぬ二次災害を招く可能性もあります。的確で迅速な判断や行動がとれるように、緊急時の手順をまとめたマニュアルを作成するなど、平常時から緊急事態に備えておくことが重要です。具体的には、社内での責任者、連絡先・方法、連携体制などについて明確にしておく必要があります。緊急時の連絡体制や対応方法については、職場の目立つところに設置しておき、全員がその内容を理解しておくとよいでしょう。さらに、定期的に緊急事態を想定した訓練を実施することが大切です。あらゆる事態を想定して、訓練を実施し、必要に応じて緊急時マニュアルを修正していきます。また、必要に応じて、社外の専門機関・専門家とも連携し、緊急時の連携体制や手順について確認し、社内の関係部署であらかじめ情報共有しておくことも大切です。

どのように取り組むか
（改善の具体的方法）

- □突発的な事故や緊急事態が起きた場合に、迅速な救急措置や心のケアが受けられるように、あらかじめ職場内の責任者や産業保健スタッフ、人事労務担当者など、社内の連携体制や手順を整えておくようにします。
- □突発的な事故や緊急事態に備えて、社外の専門家との連携をはかり、連携体制・手順を確認し、社内の関係部署で情報共有しておくようにします。
- □定期的に緊急事態を想定した訓練を実施します。
- □夜間・休日など産業保健スタッフなどの担当者が不在の際の連絡方法や対応手順についてもあらかじめ決めておきます。

追加のヒント

- ○緊急時の対応手順をまとめたマニュアルは、誰もがわかる場所に設置しておきます。
- ○緊急時の心のケアについて、必要時に適切に提供できるように、あらかじめ職場の責任者や関係スタッフに研修を実施します。

突発的な事故が生じた時に、緊急処置が受けられるように、あらかじめ職場内の責任者や産業保健スタッフ、人事労務担当者など、連携体制や手順を整えておくようにします。

緊急時の心のケアが、必要時に適切に提供できるように手順を定めて、あらかじめ職場の責任者や関係スタッフに研修を実施します。

8. 職場ドックをひろめるために

（1）多様な職場環境改善の広がりへの理解

　ストレス対策としての職場環境改善には、実に多様な取り組みがあります。働く人たちがストレスなく安心安全に働くことは生産性向上やサービス向上の要であるので、事業主自ら職場環境改善に取り組むと宣言し、具体的な改善策をトップダウンで行う場合や、ストレスチェック制度を活用して外部コンサルタントの助言を得て進める場合、また、本稿で紹介した参加型の職場改善手法が用いられる場合など様々です。

　職場環境改善のすすめ方は、労働環境・作業条件の問題点を明らかにして、改善計画をたて、実行して改善するPDCAサイクルを用いるのが通常のステップです。しかし、職場環境に関連した職業性ストレス（心理社会的要因）に関しては、問題がわかっていても、その解決は容易ではない場合があります。明らかなハラスメントやいじめの存在、人間関係が悪い、不可避なリストラが行われている職場など、労働者参加型の職場環境改善よりも優先すべき課題が存在する場合もあるでしょう。職場ドックのような参加型の職場環境改善を、職場の準備段階に応じて事業場全体のメンタルヘルス対策にどのように位置づけていくかが、その成功の鍵となります。

　2015年12月施行の改正安衛法では、新たに「ストレスチェック制度」が創設されました。改正安衛法では、個人の心理的負担の状況に応じた個別面接指導を重視しつつ、一次予防を主眼とした集団分析結果を活用した職場環境の改善が推奨されています。例えば、職場ドックではストレスチェックの結果をモニタリングと位置づけて、現場の労働者が参加して、職業性ストレス（心理社会的要因）を個人と組織とでリスクマネジメントする場を提供することに主眼をおくことが重要でしょう。具体的には、職場ドックチェックシートを用いて、各自が職場のアセスメントを行って、改善点を皆で検討し改善まで行うことが、リスクマネジメントをしているステップであるといえます。簡便な改善計画書と報告書の記入は、安全衛生マネジメントシステムのPDCAサイクルに合わせた取り組みといえます。

（2）職場ドック普及のための3つのチャレンジ

　職場ドックに取り組むにあたって、3つのチャレンジすべき点を整理してみます。

　1点目は職場ドック活動に使うツールの工夫です。職場ドックは簡便な基本ツールが整備されていますが、職場に合わせて改訂・修正する必要があります。特に、製造業、サービス業等、業界や職場の用語に替えカスタマイズする作業が、現場をよく知り、ストレス対策もよく知る産業保健スタッフの腕のみせどころです。今後、IT技術の発展とともに、事業場や労働者の働き方に合わせたスマホやウェブ上でのアセスメントやグループワーク等の新しい媒体の開発も工夫さ

れてよいでしょう。

　2点目は、多様な広がりへの支援です。公務職場をはじめ多くの職域で展開されていますが、職場のストレス対策で支援が必要な中小企業や、医療・介護、小売業などのサービス産業、製造業、運輸業、建設業や自営業者へ普及をすすめていくには、業界団体、行政、専門家グループなどを通じて、現場のニーズに合わせたプログラム開発が必要です。

　3点目は、ネットワークを通じた交流です。ストレスチェック制度導入後、多くの職場で豊富な経験が蓄積されるはずです。業界団体や労働組合、行政、学会・専門家集団などを通じた良好事例の交流と水平展開が、多様な広がりを支援します。職場ドックはポジティブアプローチを基礎とした経験の交流と蓄積が、継続改善への強みになります。事例のオンラインでの共有や、職場ドックを担うファシリテーターの効率的・効果的な育成手法の検討が必要になります。

（3）科学的根拠に基づく職場環境改善のためのガイドラインの活用

　メンタルヘルスのための職場環境改善の評価と改善に関するガイドラインが公開されています。表8−1にその骨子を示しました。これは、労働者のメンタルヘルス一次予防における「職場環境等の評価と改善」を企画・実施する際に推奨される事項を、最新の科学的根拠に基づいてまとめたものです。本ガイドラインは、8項目の推奨項目と4項目のヒントを、4つの領域に整理しています。

北海道での取り組み

　北海道では2012年度より、北海道全職員を対象としたメンタルヘルスのための職場環境改善事業として、職場ドックを実施しています。初年度はまず、この事業のねらいや具体的な手法などを「職場ドックセミナー」として開催し、全庁で取り組むことを明示し、選定した少数のモデル職場で職場ドックを実施しました。この際、事業担当部署と労働科学研究所で協働し、北海道職員向けにカスタマイズしたアクションチェックリストとワークシート（個人用とグループ用）をわかりやすくシンプルにまとめ、「職場ドックマニュアル」を試作して用いました。年度の終わりには成果発表会を開催し、情報共有するとともに、その成果と課題を反映させ、北海道版「職場ドックマニュアル」が完成しました。

　二年目は、完成した「職場ドックマニュアル」をもとに、全道12職場でモデル事業を展開し、合同成果発表会を開催し、全庁（北海道本庁および13の振興局・総合振興局）での実施基盤を作り上げました。

　三年目には全庁を対象に、推進担当者セミナーを年度の早いうちに実施し、推進担当者を中心として各職場での職場ドック実施に至りました。

　北海道での取り組みの特徴は、事業として全職員を対象としていること、誰もが職場の仲間とともに行うことができるように、ツールや実施環境を整えていることです。ツールは前掲のように段階を踏んで準備し、毎年8〜10月を「職場ドック取り組み強調月間」として、その実施を支援しています。さらに、外部資源を活用して、全国の自治体や企業等で行われている同じような取り組みに学ぶ機会や指導が受けられる体制を整えています。

　また、日常的には、職員用イントラネット上に作成した「職場ドックホームページ」に、映像化した職場ドックの具体的な進め方のビデオ、「職場ドックマニュアル」と成果報告集との三点セットで、いつでも閲覧できるように整備されています。実施手順がいつでも確認でき、成果報告集がいつでも閲覧できる状態であれば、実施の不安も減り、他の職場での良い取り組み事例に学ぶことが容易になります。参考にしたり具体的な実施方法を問い合わせたりと、職場間の情報共有に役立っています。

表8-1　職場環境改善の評価と改善に関するガイドライン^(※)

＜計画・組織づくりに関する推奨項目＞

推奨項目	内容	ヒント
推奨1（事業場での合意形成）	職場環境改善の目的、方針、推進組織について事業場で合意形成します。	**ヒント1（部門責任者の主体的な関与）** 職場環境改善を実施する組織ないし部門の責任者の主体的な関与を引き出します。
推奨2（問題解決型の取り組み）	問題指摘型は避け、問題解決型で取り組みます。	

＜実施手順の基本ルールに関する推奨項目＞

推奨項目	内容
推奨3（良好事例の活用）	実施可能な改善策を立てるために、職場内外の良好事例を参考にします。
推奨4（労働者参加型で実施）	改善策の検討や実施に労働者が参加できるように工夫します。
推奨5（職場環境に幅広く目配り）	心身の負担に関連する職場環境や労働条件に幅広く目配りして優先順位をつけ、改善策を検討します。

＜実効性のある改善策の提案に関する推奨項目＞

推奨項目	内容	ヒント
推奨6（現場に合わせた提案の促進）	職場の状況・タイミング・資源を考慮して具体的な改善策を検討します。	**ヒント2（職場の仕組みの活用）** 継続的に改善の場が設定できるようにすでにある職場のしくみを活用します。（安全衛生委員会、QCサークルなど）
推奨7（ツール提供）	現場の気づきやアイデアを引き出し、行動に移しやすい提案を促すことができるツールを活用します。	**ヒント3（職場の準備状況に合わせたアプローチ）** 組織としての受け入れ体制や準備状況に応じた介入方法を選びます。

＜実施継続のための推奨項目＞

推奨項目	内容	ヒント
推奨8（フォローアップと評価）	職場環境改善の実施を継続させるために中間報告の提出を求めたり、期間を設定して実施状況や成果を確認します。	**ヒント4（PDCAサイクル）** 職場環境改善の取り組みを計画・実施・評価・見直しのサイクルに組み込み、継続的に実施できるようにします。

※文献　吉川徹, 吉川悦子, 土屋政雄, 小林由佳, 島津明人, 堤明純, 小田切優子, 小木和孝, 川上憲人：科学的根拠に基づいた職場のメンタルヘルスの第一次予防のガイドライン　職場のメンタルヘルスのための職場環境改善の評価と改善に関するガイドライン. 産業ストレス研究, 20：135-145, 2013.

　このガイドラインは職場ドックをさまざまな職場の実情に合わせて普及させていくうえで、そのまま活用できます。表8－2の職場ドックプログラムの6原則は、このガイドラインのエッセンスをまとめたものです。

表8-2　効果的な職場環境改善プログラムに共通する6つの原則

（1）良い事例からはじめる：職場の問題点ではなく、職場のよいところ（職場の強みや働きよさ）に目を向けます	（2）グループワークを活用する：職場のメンバー全員が参加する意見交換の場面（話し合いなど）を設定します	（3）段階的に進める：すぐできることから始め、段階的な改善をすすめます
（4）成果を交流する：職場ごとに実施した改善を報告（成果を交流）する機会を、メンタルヘルス対策の年間計画に位置づけ、PDCAサイクルに入れて取り組みます	（5）アクションツールを使う：幅広く職場環境をみわたせるように良好事例集やアクションチェックリストなどのツールを活用します	（6）ファシリテーターを育成する：産業保健スタッフなど保健の専門家が支援チームとして関わり、職場の推進者・リーダーの役割を持つ人を育てます

（4）ストレスチェック制度の活用と職場環境改善

　2015年12月施行の改正労働安全衛生法では、労働者に対して行う心理的な負担の程度を把握するための検査（ストレスチェック）や、検査結果に基づく医師による面接指導の実施などを事業者に義務付けることが制度化されました。特に「心理的な負担の程度を把握するための検査及び面接指導の実施並びに面接指導結果に基づき事業者が講ずべき措置に関する指針」では、57項目からなる職業性ストレス簡易調査票の活用が推奨されています。表8－3に主要な測定項目を示しました。

表8-3　職業性ストレス簡易調査票の構成

仕事のストレス要因	ストレスの反応	修飾要因
仕事の負担（量） 仕事の負担（質） 身体的負担 対人関係 職場関係 コントロール 技能の活用 適性度 働きがい （17項目）	活気 イライラ感 疲労感 不安感 抑うつ感 身体愁訴 （29項目）	上司からのサポート 同僚からのサポート 家族や友人からのサポート 仕事や生活の満足度 （11項目）

　職場ドックチェックリストは吉川らが開発した「メンタルヘルスアクションチェックリスト（職場環境改善ためのヒント集）」が基本となっています。とりあげているそれぞれの6つの領域は、表8－3の測定項目との関連性が説明されています。心理的な負担の程度を把握するための検査結果に基づいて、職場環境改善をすすめる際には、おおいにこの職場ドックチェックリストが活用できるでしょう。

（5）職場ドックを職場全体で広げるためのしくみづくり

職場ドックを職場全体で広げるためのしくみづくりにあたって、トップがその趣旨を理解して、産業保健スタッフが仕掛けることが重要です。実際に、二つの異なる事業場で職場ドックを展開して成功させた恩田馨氏（福岡県総務部、2015年3月現在）は、次のように述べています。

職場ドックの取り組みを始めたのは、私が高知県の総務部長を拝命し3年目だったでしょうか。それまでも、研修等を通じ、メンタルヘルス対策や風通しの良い職場づくり等に色々と取り組んで来ましたが、正直思ったような成果がでませんでした。私としても、本気で職場改革に取り組まなければならないという思いの中、職員厚生課の産業医である杉原さんを中心として、この職場ドックが生まれました。

「人間ドック」になぞらえた「職場ドック」は誰にもその意図がわかりやすく、ネーミングもすばらしいと思いました。職員厚生課の女性職員を中心にかわいい犬のマスコットもできました。やる方も楽しく気軽に取り組むことができたことも、この取り組みが定着していくことにつながったものと思います。また、この取り組みに高知県尾崎知事自らがすぐに賛同を示し、積極的に進めてくれたことも、形骸化されなかった大きな要因だと思っています。

この職場ドックのいいところは、職員全員が話し合い、少しでも何かできないかと探っていくことだと思います。この機会に、なかなか発言しにくかったことが言え、大きな変化につながった職場も多かったと記憶しています。健康診断の結果が同じ人間がいないのと同様、職場も100あれば100の診断結果が出ます。これにあわせて、みんなで処方箋も作っていくという過程が大事です。このとき、どうしてもまず目が向くのは悪いところです。それを改善することは非常に大切です。でも、今のところ問題ないと診断結果が出た所属は、それで終わってしまいます。問題ない所属は、どこが良くて今問題ない状態なのか、それを維持していくためには、何をすべきか、さらに、良いところをもっと伸ばす取り組みはないのかということも議論していただくことに苦労しました。良いところも悪いところもすべて洗い出すことが大事だと思います。

福岡県でもこの職場ドックの取り組みを本格的に始めました。今後も、各地方自治体の仕事はますます大変になると思います。一方、行革が叫ばれる中、人を増やすことも難しくなっています。その中で、職場環境改善は、住民サービス向上の鍵です。人事異動が頻繁に起こる公務員の世界において、職場ドックで積み上げてきた取り組みが無駄にならないように、しっかりとシステムとして構築していくことが、今後の課題になると思います。この取り組みが広がり、多くの方々に共感され、働きやすい職場作りが進み、地域の活性化が進むことを大いに期待します。

恩田馨（福岡県総務局）

職場ドックが、働く人々のストレスを上手にマネジメントしながら、現場力を高める日本発の取り組みとして、世界に広がっていくことを願っています。

（6）職場ドックに役立つウェブサイト・文献の紹介

【ウェブサイト】

公益財団法人大原記念労働科学研究所

http://www.isl.or.jp

大原記念労働科学研究所では、職場ドック支援チームによる『職場ドック』に関する現地支援、助言などを全国の職場で展開しています。

大原記念労働科学研究所のウェブサイトでは、職場ドックの概要と取り組み方法について、高知県、京都府、北海道の具体的な取り組み事例を紹介しながら示しています。また、職場ドックに関連した書籍や文献などもリストにあげられてます。

事業場のメンタルヘルスサポートページ（東京大学大学院医学系研究科精神保健学分野）

http://www.jstress.net

平成14年〜16年の厚生労働科学研究費補助金労働安全衛生総合研究事業「職場環境等の改善等によるメンタルヘルス対策に関する研究」による成果物である、職場環境改善のためのヒント集（メンタルヘルスアクションチェックリスト）やマニュアルをダウンロードできます。マニュアルは、職場ドックをすすめる際に参考にできるワークショップのスケジュールやグループワークのすすめ方などが具体的に記述されています。

こころの耳：働く人のメンタルヘルス・ポータルサイト

http://kokoro.mhlw.go.jp/

厚生労働省が運営する職場のメンタルヘルスに関する情報が数多く含まれているウェブサイトです。職場ドックに関連する情報リソースとしては、〜職場のメンタルヘルス対策Q&A〜のサイトです。職場環境改善のすすめ方の留意点や職場環境改善とメンタルヘルスとの関連性など、専門家が具体的な事例を示しながら解説しています。

Good Practice Samples（産業衛生学会生涯教育委員会）

http://gps.sanei.or.jp/

日本産業衛生学会生涯教育委員会は、職場で実践された様々な良好実践事例をウェブサイトで公開し、その中で優れた事例を毎年表彰しています。表彰事例の中には、職場ドックをはじめとして参加型アプローチを用いた職場環境改善の取り組みも多数含まれています。（NO.94 参加型職場環境改善職場ドックによる健康推進、NO.122 PAOTを活用した外国人労働者のための参加型職場改善活動、NO.25 参加型活動で成功した小規模事業場の労働環境改善）

【文献】

職場ドックプログラムの概要について知りたい人のために

1. 杉原由紀．産業医の声：「元気な県庁」へ～職場ドックの取り組み～．産業医学ジャーナル　34巻5号 P86．(2011年9月発行)

2. 労働の科学　2014年10月号（69巻10号）

    特集　：「職場ドック」のちから　新しいメンタルヘルス改善プログラム

    1 吉川徹：職場ドックのちから－新しいメンタルヘルス改善プログラム
      職場ストレス対策における職場ドックの意義と特徴．
    2 杉原由紀：職場ドックのちから－新しいメンタルヘルス改善プログラム
      高知県庁発職場ドック事業の取り組みと持続する活動の成果．
    3 竹内由利子：職場ドックのちから－新しいメンタルヘルス改善プログラム
      職場ドックのツールと活動のすすめ方．
    4 吉川悦子：職場ドックのちから－新しいメンタルヘルス改善プログラム
      参加型職場環境改善が職場・労働者にもたらしたもの．
    5 小木和孝：職場ドックのちから－新しいメンタルヘルス改善プログラム
      国際的な参加型改善活動の広がりと職場ドック．
    6 佐野友美：職場ドックのちから－新しいメンタルヘルス改善プログラム
      アジアにおける参加型アプローチと職場ドックのかかわり．

3. 杉原由紀：GP広がる良好実践21　みんなで楽しくすすめる働きやすい職場づくり　高知県庁における職場ドックの取り組み．労働の科学2013年2月号（68巻2号）P100-104．

4. 矢部美根子，吉川徹：社員が主役！現場力を引き出す参加型職場環境改善3 高知県庁が取り組む職場ドックの目指す者－生き生き職場は心とからだの健康から「元気な県庁」へ．産業看護2012年，4巻6号：P570-576．

付録　職場ドックに用いるツール例

▶職場ドックチェックシート

▶個人ワークシート

▶グループワークシート

▶改善報告用紙

職場ドックでは、グループワークを円滑にすすめるためにチェックシートやワークシートを活用しています。ここでは、職場ドックで活用できるツール例を示しています。それぞれのツールは、職場の実情に合わせて変更を加えるなどして活用することができます。

職場ドックチェックシート（心の健康づくりのためのアクションチェックリスト）

　このアクションチェックリストには、働きがいがあり、よりよい仕事にとりくめる、働きやすい職場環境づくりのための改善策がとりあげられています．あなたの職場の職場環境を改善する際の参考にしてください。

【職場ドックチェックシートの使い方】

　各チェック項目について「提案しますか?」の欄にチェックを記入します。

1. その対策が不必要で、今のままでよい（対策がすでに行われているか、行う必要がない）場合は「□いいえ」に✔をつけます。
2. その対策が必要な（これから改善したい）場合は、「□はい」に✔をつけます。すでに対策が行われている場合でも、さらに改善したい場合には、「□はい」に✔をつけてください）。
3. 「□はい」に✔のついた項目のうち、その対策を優先して取り上げたほうがよい項目は、「□優先する」に✔をつけてください。3－5つ選ぶとよいでしょう。
4. チェックリストを記入したら、あなたの職場で安全・健康に、快適で働きやすい職場づくりのために「役立っている良い点3つ」と「改善したい点3つ」を最後の頁に記入します
5. このチェックリストにはない項目で、自分たちの職場のチェックリストに追加したほうが良いと思う改善策がある場合は、「G.追加項目」の欄に直接記入してください。

A　ミーティング・情報の共有化

			提案しますか?
1	業務のスケジュールについて全員が参加するミーティングを定期的に開催します		□いいえ　□はい　↳□優先する
2	具体的なすすめ方や作業順序について、少人数単位または作業担当者ごとに決定できる範囲を調整します		□いいえ　□はい　↳□優先する
3	対応マニュアルの作成などで仕事を円滑に進めるために必要な情報を共有します		□いいえ　□はい　↳□優先する
4	スケジュール表や掲示板を活用し、全員に必要な情報が伝わるようにします		□いいえ　□はい　↳□優先する

B　ON（仕事）・OFF（休み）のバランス

			提案しますか?
5	繁忙期やピーク時に備え、個人やチームに業務が集中しないよう前もって人員の見直しや業務量の調整をするようにします		□いいえ　□はい　↳□優先する

メンタルヘルスに役立つ職場ドック

6	ノー残業デーなどの活用により、残業時間を減らします	提案しますか？ ☐いいえ ☐はい 　　　　　↳☐優先する
7	十分な休憩時間（昼休み）が確保できるようにします	提案しますか？ ☐いいえ ☐はい 　　　　　↳☐優先する
8	休日と休暇が確保できるよう計画的に、また、必要に応じて取れるようにします	提案しますか？ ☐いいえ ☐はい 　　　　　↳☐優先する

C 仕事のしやすさ

9	各自の作業スペース、作業姿勢等を見直して、仕事をしやすくします	提案しますか？ ☐いいえ ☐はい 　　　　　↳☐優先する
10	職場全体の机、キャビネット、書架等のレイアウトや動線を見直して仕事をしやすくします	提案しますか？ ☐いいえ ☐はい 　　　　　↳☐優先する
11	書類や物品等の保管方法を見直して、必要なときに必要なものを、誰もがすぐ取り出せるようにします	提案しますか？ ☐いいえ ☐はい 　　　　　↳☐優先する
12	安心して仕事ができるよう、ミスや事故を防ぐための工夫をします	提案しますか？ ☐いいえ ☐はい 　　　　　↳☐優先する

D 執務室内環境の整備

13	冷暖房設備などの空調環境、照明などの視環境、音環境などを整え、快適なものにします	提案しますか？ ☐いいえ ☐はい 　　　　　↳☐優先する
14	快適で衛生的なトイレ、更衣室とくつろげる休養室を確保します	提案しますか？ ☐いいえ ☐はい 　　　　　↳☐優先する
15	職場における受動喫煙防止対策をすすめます	提案しますか？ ☐いいえ ☐はい 　　　　　↳☐優先する
16	災害発生時や火災などの緊急時に対応できるよう、通路の確保や必要な訓練を行うなど、日ごろから準備を整えておきます	提案しますか？ ☐いいえ ☐はい 　　　　　↳☐優先する

E　職場内の相互支援

17	必要な時に上司に相談したり支援を求めたりしやすいよう、コミュニケーションをとりやすい環境を整備します	提案しますか？　□いいえ　□はい　↳□優先する
18	同僚に相談でき、コミュニケーションがとりやすい環境を整備します	提案しますか？　□いいえ　□はい　↳□優先する
19	職員同士がお互いを理解し、支え合い、助け合う雰囲気が生まれるよう懇談の場を設けたり、勉強会等の機会を持つなど、相互支援を推進します	提案しますか？　□いいえ　□はい　↳□優先する
20	職場間の連絡調整で相互支援を推進します	提案しますか？　□いいえ　□はい　↳□優先する

F　安心できる職場のしくみ

21	こころの健康や悩み、ストレス、あるいは職場内の人間関係などについて、気がねなく相談できる窓口または体制を確保します	提案しますか？　□いいえ　□はい　↳□優先する
22	ストレスへの気づきや上手な対処法など、セルフケア（自己健康管理）について学ぶ機会を設けます	提案しますか？　□いいえ　□はい　↳□優先する
23	業務に必要な研修やスキルアップの機会を確保するようにします	提案しますか？　□いいえ　□はい　↳□優先する
24	救急措置や緊急時の連絡・相談の手順を全員が理解できるようにします	提案しますか？　□いいえ　□はい　↳□優先する

G　追加項目

25	（追加項目）上記以外で提案があれば加えてください	提案しますか？　□いいえ　□はい　↳□優先する
26	（追加項目）上記以外で提案があれば加えてください	提案しますか？　□いいえ　□はい　↳□優先する
27	（追加項目）上記以外で提案があれば加えてください	提案しますか？　□いいえ　□はい　↳□優先する

個人ワークシート

職場ドックチェックシートをチェックしたら、整理してみましょう。

◆自分の職場の良い点（「いいえ」にチェックがある内容）

NO	安全・健康で、働きやすい快適な職場づくりに役立っている良い点3つ	
	職場の良い点	その理由
1		
2		
3		

◆自分の職場の改善点（「はい」にチェックがある内容）

NO	安全・健康で、働きやすい快適な職場にするために改善したい点3つ	
	職場の改善したい点	働きやすくするための具体的なアイデア
1		
2		
3		

グループワークシート

個人ワークシートから、「職場の良い点」と「改善したい点」を3つにまとめて、働きやすくするためのアイデアを話し合ってみよう。

	安全・健康で、働きやすい快適な職場づくりに役立っている良い点3つ	
NO	職場の良い点	具体的な内容とその理由
1		
2		
3		

	安全・健康で、働きやすい快適な職場にするために改善したい点3つ	
NO	職場の改善したい点	働きやすくするための具体的なアイデア
1		
2		
3		

改善報告用紙

【改善計画書・改善報告書】　　平成　　年　　月　　日　　記入者

所属名	
従業員数	／　　　　人（内　管理職　　　　人）

改善計画	改善テーマ	誰が、何をどのように、いつまでに

改善実施期間	平成　　年　　月　　日～　　　年　　月　　日

実施内容の ポイント （簡潔に）	改善内容に該当する領域（該当するものに一つだけ○をつける） A．ミーティング・情報の共有化　　　B．ON（仕事）・OFF（休み）のバランス C．仕事のしやすさ　　　　　　　　　D．執務室内環境の整備 E．職場内の相互支援　　　　　　　　F．安心できる職場のしくみ

改善を 実施した 目的・理由 （背景など）	

参加メンバー 費用	参加したメンバー： かかった費用：

改善内容 （箇条書き）	

改善前後の 写真 イラスト	改善前	改善後

改善後の 評価・意見	

改善の 評価・意見	

付録

参考・引用文献

1. 吉川徹, 吉川悦子, 土屋政雄, 小林由佳, 島津明人, 堤明純, 小田切優子, 小木和孝, 川上憲人：科学的根拠に基づいた職場のメンタルヘルスの第一次予防のガイドライン　職場のメンタルヘルスのための職場環境改善の評価と改善に関するガイドライン. 産業ストレス研究, 20：135-145, 2013.

2. 吉川悦子：参加型アプローチを用いた職場環境改善が職場・労働者にもたらすアウトカムに関する記述的研究. 労働科学, 89（2）：40-55, 2013.

3. 吉川悦子：介護労働と腰痛予防　人間工学チェックポイントと介護職場における参加型職場環境改善. 労働の科学, 68（7）：398-401, 2013.

4. 吉川悦子：産業安全保健における参加型アプローチの概念分析. 日本産業衛生学会誌, 55（2）：45-52, 2013.

5. 小林由佳, 田中三加：社員が主役！現場力を引き出す参加型職場環境改善1　製造業における参加型メンタルヘルス対策. 産業看護, 4（6）：558-563, 2012.

6. 中林美奈子, 泉野一枝, 小杉由起：社員が主役！現場力を引き出す参加型職場環境改善2　療養型病院でのメンタルヘルスアクションチェックリストを活用した参加型職場環境改善の実践. 産業看護, 4（6）：564-569, 2012.

7. 鶴田由紀子, 渡辺裕晃：社員が主役！現場力を引き出す参加型職場環境改善4　自治体職場における参加型のメンタルヘルス対策. 産業看護, 4（6）：577-580, 2012.

8. 吉川悦子：社員が主役！現場力を引き出す参加型職場環境改善5　参加型アプローチによる職場環境改善活動の取り組み－6原則と共通事項に基づいたファシリテーターのためのトレーニング. 産業看護, 4（6）：581-584, 2012.

9. 錦戸典子：社員が主役！現場力を引き出す参加型職場環境改善6　産業看護職の特性を活かした参加型職場環境改善支援の進め方. 産業看護, 4（6）：585-589, 2012.

10. 吉川悦子, 吉川徹：参加型アプローチを用いた職場環境改善を支えるアクションチェックリストの特徴と活用可能性. 産業看護, 4（3）：57-60, 産業看護. 2012.

11. 吉川悦子, 仲尾豊樹, 毛利一平：GP広がる良好実践15　外国人労働者のための参加型アプローチによる職場環境改善. 労働の科学, 67（4）：238-242, 2012.

12. 吉川徹, 田制弘：GP広がる良好実践12　アフリカの診療所・病院における5S-KAIZEN-TQMと参加型職場改善活動の成果. 労働の科学, 67（2）：114-118, 2012.

13. 中央労働災害防止協会編：メンタルヘルスのための職場環境改善「職場環境改善のためのヒント集」ですすめるチェックポイント30. 中央労働災害防止協会, 2010.

14. 吉川徹：組織で取り組むメンタルヘルス【2】良好実践に学ぶ働きよい職場づくり～プロセス支援としての参加型職場改善とメンタルヘルス対策～. 労働の科学, 65（10）：584-588, 2010.

15. 小木和孝：産業安全保健領域の動向と良好実践. 労働科学, 86（1）：1-8, 2010.

16. 吉川徹, 川上憲人, 小木和孝, 堤 明純, 島津美由紀, 長見まき子, 島津明人：職場環境改善のためのメンタルヘルスアクションチェックリストの開発. 産衛誌.2007:49（4）:127-142.

17. 坂田和子, 石橋静香, 吉川徹, 堤明純, 小木和孝, 長見まき子, 織田進：医療機関におけるメンタルヘルス対策に重点をおいた参加型職場環境改善. 労働科学, 82（4）：192-200, 2006.

本書は厚生労働科学研究「事業場におけるメンタルヘルス対策を促進させるリスクアセスメント手法の研究（H25－労働－一般－009）」および科研費課題番号24390134の成果の一部を活用しています。

謝辞

職場ドックを実践している高知県、北海道、京都府の職員の皆様をはじめとして、ご助言をいただいた全ての方々に心より感謝申し上げます。福岡県総務局恩田聲氏（元高知県総務局）には、職場ドックの誕生時から暖かなサポート、ご指導をいただき、特に本書の作成にあたってはご寄稿を賜り、感謝申し上げます。

●編集

吉川　　徹（独立行政法人労働者健康安全機構 労働安全衛生総合研究所）
小木　和孝（公益財団法人大原記念労働科学研究所）

●執筆

小木　和孝（公益財団法人大原記念労働科学研究所）
吉川　　徹（独立行政法人労働者健康安全機構 労働安全衛生総合研究所）
杉原　由紀（高知県庁）
吉川　悦子（日本赤十字看護大学）
竹内由利子（公益財団法人大原記念労働科学研究所）
佐野　友美（公益財団法人大原記念労働科学研究所）
武澤　千尋（日本赤十字北海道看護大学）
山根　英之（一般財団法人京都工場保健会）
水本　正志（一般財団法人京都工場保健会）

メンタルヘルスに役立つ職場ドック

発行	2015年5月20日　第1刷発行 2019年3月25日　第4刷発行 2023年5月31日　第5刷発行
編者	吉川　徹、小木和孝
執筆者	小木和孝、吉川　徹、杉原由紀、吉川悦子、竹内由利子、佐野友美、武澤千尋、山根英之、水本正志
発行者	坂本恒夫
発行所	公益財団法人大原記念労働科学研究所 〒151-0051 東京都渋谷区千駄ヶ谷1-1-12 桜美林大学四谷キャンパス内3F TEL 03-6447-1435 FAX 03-6447-1436 https://www.isl.or.jp/
デザイン	株式会社クルーズ
印刷所	藤原印刷株式会社

落丁・乱丁本はお取り替えいたします。
Ⓒ2023　The Ohara Memorial Institute for Science of Labour
Printed in Japan　ISBN 978-4-89760-330-8　C3047